선동은
쉽고
민주주의는
어렵다

선동은 쉽고 민주주의는 어렵다

초판 1쇄　2023년 3월 27일

지은이 패트리샤 로버츠-밀러
옮긴이 김선
편집인 오주연
발행인 김애란
출판사 힐데와소피
등록번호 제2021-000050호
주소 서울시 관악구 신사로 66-1, 3층
이메일 hildeandsophie@gmail.com
홈페이지 www.hildeandsophie.xyz

ISBN 979-11-981358-0-3 (02340)

책값은 뒤표지에 있습니다.

패트리샤 로버츠-밀러 지음 · 김선 옮김

선동은 쉽고 민주주의는 어렵다

민주주의를 오염시키는
선동의 수사학

과거, 현재, 미래의 제자들에게

일러두기

1. 이 책은 다음 책을 완역한 것이다. Patricia Roberts-Miller, *Demagoguery and Democracy*, NY: The Experiment, 2019.
2. 인명, 지명, 작품명 등 외래어는 국립국어원의 외래어 표기법을 따랐으며 전문 용어는 국내 전문 서적에서 다수 채택한 용어를 사용하였다.
3. 저자 주는 후주로 삽입하고 옮긴이 주는 본문 하단에 삽입하였다.
4. 본문의 큰따옴표와 이탤릭체는 저자가 강조한 부분이며, 작은따옴표와 진한 글씨는 글의 이해를 돕기 위해 옮긴이가 강조한 부분이다.

차례

들어가며

우리는 선동가의 시대에 살고 있다. 오늘날 선동가들이 명백히 대중에 영합하는 부정직하고 비이성적인 레토릭*으로 순진하고 멍청한 사람들을 호도해 성공한다는 것은 상식에 가깝다. 선동가들은 사기를 친다. 우리 모두는 이 점에는 동의하지만 저 순진하고 멍청한 사람들에게는 동의하지 않는다. 그들은 선동가에게 속고 있는 것이 그들이 아니라 우리라고 생각하기 때문이다! 물론 우리는 속고 있지 않다. 그런 비난은 단지 그들이 사이비 교주에게 속아 독약이 든 음료수를 받아 마신 신도들처럼 생각이 없다는 것을 드러낼 뿐이다. 우리의 지도자들은 (가끔 실수를 하긴 하지만) 정직하고, 좋은 의도를 가졌고, 진실하다. 그들의 지도자들은 거짓말을 하고, 사악하며, 사람들을 조종하려 든다. 그리고 선동가들이 지금의 정치판을 지배하고 있기 때문에 우리는 끔찍한 상황에 처해 있다.

그 바탕에는 선동가가 발흥하여 사람들을 타락

* rhetoric. 자신이 원하는 방향으로 생각하고 행동하도록 타인을 설득하기 위해 언어를 포함한 다양한 상징을 활용하는 과정을 의미한다.

한 길로 이끌어 정치 문화가 손상되었다는 내러티브가 깔려 있다. 사실은 논리적이지 못한 이 내러티브를 수용하면, 우리는 선동의 문제를 그것을 더 악화시키는 방식으로 풀려고 하게 된다. *상대편*의 선동가들을 공론장에서 제거해야 한다고 매우 선동가처럼 주장하는 식으로 말이다. 이 내러티브는 원인과 결과를 뒤집기 때문에 사람들을 잘못된 길로 이끈다. 선동가가 권력을 얻었기 때문에 정치 문화에 선동이 자리잡은 것이 아니다. 선동이 공적 담론에 참여하는 보통의 방식이 되면, 선동가가 발흥하는 것은 시간문제에 불과하다. 그래서 이 책은 선동가가 아니라 선동에 관한 책이다. 선동이 어떻게 작동하는지, 선동을 어떻게 묘사하고 확인할 것인지, 어떻게 좋은 사람들이 선동에 의존하게 되는지, 우리는 무엇을 할 수 있을지에 대해서 다룬다.

2003년 이라크 침공 이후로 미국 정치 담론에 대한 나의 우려는 점점 커져갔다. 바로 그때 선동이 공적 담론에 접근하는 지배적인 방식이 되었고, 너무 많은 주요 정치인들이 노예제를 옹호하는 데 가담했던 비극적인 시절의 레토릭을 상기시켰다. 지금에 와서 예전에 많은 수의 똑똑한 사람들이 노예제를 옹호했던 것은 잘못이라고 말하기는 쉽다. 하지만 그들이 오늘날에도 많은 사람들이 갖고 있는 신념 체계에 근거하여 노예제를 옹호했다는 점을 인정하는 것은 불편한 일이다. 기독교가 도덕적 기준이고, 정부의 역할은 질서를 유지하는 것이고, 경제적으로 성공한 사람들이 그렇지 못한 사람들보다 어쨌든 더 낫고, 정부의 개입은 없는 것이 최선이라는 그런 신념체계 말이다. 하지만 이런 근거로 많은 똑똑한 사람들이 노예제를 옹호했다는 것은 명백한 사실이다.

노예제에 대한 옹호는 반증 가능한 사실로 구성된 외재적 현실이 아니라 강력하고 존경받는 노예제 옹호론자들이 만들어 낸 대안적 "현실"에 관한 것이었다. 간단한 예시를 하나 들어 보자. 1835년에 미국노예제폐지협회American Anti-Slavery Society가 뿌린 엄청난 양의 팸플릿으로 미국 남부지역이 뒤덮였다는 루머가 돌았다. 영국 작가 해리엇 마티뉴Harriet Martineau가 그 지역을 방문했을 때 주민들에게 그 팸플릿을 본 적이 있는지 물었더니, 모두 남부가 팸플릿으로 뒤덮였다는 것에는 동의했지만, 실제로 팸플릿을 봤다는 사람은 단 한 명도 없었다.[1] 저명한 작가인 윌리엄 길모어 심즈William Gilmore Simms는 마티뉴가 "나라의 제일 가는 이름들" (즉 남부에서 가장 힘이 센 사람들) 대신에, 본인은 싫어하고 존경하지도 않는 노예제 폐지론자들을 믿기 때문에 그의 주장은 명백하게 잘못되었다고 비난했다. 그러나 심즈는 그 "제일 가는 이름들"이 팸플릿을 봤다고는 주장하지 않았다(마티뉴가 대화를 나눈 명망가들도 보지 못했다). 단순히 심즈가 존경하는 사람들이기 때문에 그들의 주장을 마티뉴도 믿어야만 했다고 말했을 뿐이다. 심즈에게 진실은 주장하는 사람의 정체성에 의해 결정되기 때문에 누가 그 주장을 했는지를 근거로 어떤 주장이든지 기각할 수 있었다. 노예제를 옹호하는 주장은 노예제의 현실에 관한 실용적이거나 윤리적인 논의가 아니었고, 추상적인 정체성(노예, 노예주, 노예제 폐지론자)에 관한 주장이자 남부에 대한 충성심의 표현이었다. 이것이 바로 선동이다.

이라크 침공 여부에 관한 논쟁은 노예제에 관

한 논쟁과 걱정스러울 정도로 비슷했다. 논쟁의 당사자들이 무엇을 주장하고 있는지가 아니라, *어떻게* 주장하고 *어떻게* 정치적 결정을 내려야 하는지에 관한 전제(때로는 주장)들이라는 점에서 말이다. 논쟁은 충성심과 정체성을 둘러싸고 벌어졌다. 너무 많은 사람들이 제시된 주장과 증거를 살피는 대신에 누가 주장했는지를 근거로 주장을 기각했으며, 이에 동의하지 않으면 반역으로 여겼다. 이것이 바로 선동이다. 이라크 침공을 옹호하는 측은 다음의 두 가지를 주로 주장했다. 하나는 (많은 기밀정보에서 9·11 테러의 배후라고 의심됐던) 사담 후세인Saddam Hussein이 미국에 직접적인 위협을 제기하고 있고, 그 위협에 대해 유일하게 가능한 대응은 이라크의 정권 교체인데, 미국은 침공을 통해 이를 빠르고 쉽게 달성할 수 있다는 것이다. 나머지 다른 하나는 주장 그 자체에 관한 것이었다. 어떻게 행동하는 것이 올바른지가 너무나 명백하기 때문에 정책에 관한 어떤 논쟁(이라크가 실제로 대량살상무기를 가지고 있는지 그리고 침공이 정권 교체라는 결과를 가져올 수 있는지)도 불필요하고, 이는 결정을 지체시킬 뿐이며, 충성스럽지 못하고, 아마도, 아니 고의로 사악한 것이라고 규정했다. 주요 언론 매체들은 침공을 반대하는 것은 악마나 할 짓으로 묘사했다. 민주주의 사회에서 말이다.

향후 드러난 바와 같이 대량살상무기 관련 주장, 9·11과 이라크 사이의 연관성, 계획의 실행 가능성에 관해서는 당시에 침공을 반대하고 의심했던 사람들이 옳았다. 2006년 8월 22일 기자회견에서 조지 W. 부시George W. Bush 대통령은 이라크에 대량살상무기가 존재하지 않았고, 이라크는 알카에다Al-Qaida와 연계가 없었으며 9·11에 관여하지 않았다는 것을 인정했다. 이라크에 관한 첫 번째 주장이 틀린 것으로 입증됐다면, 이를 토대로 주장 자체에 관한 두 번째 주장에 대해서도 더 회의적인 태도를 보였어야 했다. 하지만 지금은 틀린 것으로 밝혀진 주장들이 *명백한* 진실이라 주장했던 대다수의 언론 매체와 전문가, 정치인들은 반대와 비판을 침묵시키려 했던 행동이 잘못됐다고 인정하지 않았고, 반역과 불충에 대한 고발을 철회하지도 않았다. 이들은 계속해서 정책 이슈를 명백하게 좋은 쪽(우리)과 명백하게 나쁜 쪽(그들) 사이의 제로섬 경쟁으로 묘사했다. 그들은 침공 결정은 철회했으나, 그 결정에 이르게 한 선동은 철회하지 않았다.

선동에 대한 전통적인 관점은 이와 다르다. 전통적으로 선동은 열정, 감정주의, 포퓰리즘*, 대중 영합주의에 관한 것이다. 선동을 이렇게 생각하면 오로지 *상대편*의 선동만 볼 수 있는 기준을 갖게 되기 때문에 자신이 선동에 설득당해서 동참하고 있을 때는 스스로 알아차리지 못하게 된다. "선동"이 유용한 용어가 되려면, 우리와 그들 모두에게 적용할 수 있는 기준을 포함해야 한다.

선동은 정체성에 관한 것이다. 선동은 복잡한 정책 이슈가 우리(좋음) 대 그들(나쁨)의 이분법으로 환원될 수 있다고 말한다. 좋은 사람은 상황이 나쁘다는 것을 알아채지만 나쁜 사람들은 그렇게 하지 못하기 때문에, 어떤 정책 의제가 최선인지를 결정하기 위해서는 전적으로 누가 우리와 비슷하고 누

* populism. 정치적 갈등구조를 '기득권 엘리트'와 '순수한 인민' 사이의 대립으로 단순화하고, 정치가 인민의 일반의지에 종속되어야 한다고 주장하는 정치 이데올로기이다.

가 그렇지 않은지의 관점에서 생각해야 한다고 말한다. 이것이 미국 정치에서는 공화당 대 민주당 혹은 "보수주의conservative" 대 "자유주의liberal"의 대결 구도가 된다. 이렇게 양극화되고 파편화된 방식으로 공적 담론에 접근하면 사실상 모든 종류의 이슈와 방향에서 선동가가 틀림없이 등장하게 된다. 선동은 공동체의 합리적인 정책 결정 능력을 훼손하고 폭력을 부추기거나 정당화하는 경향이 있다는 점에서 심각한 문제기는 하지만, 어떤 한 사람이 마법을 부려 멀쩡한 문화를 전혀 다른 곳으로 이동시켜 나타나는 결과가 아니다. 선동은 정치인들이 무엇을 하는지에 관한 것이 아니라, 시민들이 어떻게 주장하고 생각하고 투표하는지에 관한 것이다. 그러므로 정치 문화에서 선동에 대한 의존도를 줄이는 것은 우리의 문제고, 문제의 해결 역시 우리에게 달려있다.

민주주의에서 공적 담론은 어떠해야 하는지, 우리는 선동을 어떻게 정의해야(하지 않아야) 하는지, 선동은 어떻게 작동하는지, 선동 문화는 어떤 특징을 보이는지, 그리고 우리는 무엇을 할 수 있는지에 대해 복잡하고 불편한 주장을 시작해 보려고 한다.

1.
민주적 숙의의 원칙들

정체성 정치가 새로운 현상인 것처럼 이야기하는 경향이 있지만, 정치를 정체성으로 환원하고 싶어 하는 사람들은 언제나 있어 왔다. 순전히 주장을 하는 사람이 누구인지, 다시 말해 옹호론자(혹은 반대론자)가 "진보주의자"인지 "보수주의자"인지를 근거로 어떤 주장을 수용하거나 거부할 수 있다고 주장하는 사람들은 정치적 스펙트럼 전반에 걸쳐 존재해 왔다.

이렇게 복잡한 정책 문제를 진보주의자와 보수주의자 중에 누가 더 나은지로 환원하면 네 가지의 골치 아픈 결과가 나타난다.

1. 단순히 "양측이 똑같이 나쁘다"고 말함으로써 주장 자체와 분리되어 "객관적인" 입장에 서있는 것처럼 보일 수 있다. 이는 "객관적이다"라는 복잡한 개념을 "명백하게 당파적이지 않다"는 어떤 모호한 감각으로 축소해 버린다. 그 말은 (예를 들어 노예제 폐지론자와 노예주들이 "똑같이 나쁘다"고 말하는 것처럼) 매우 편향적인 진술일 수도 있고, 그렇지 않을 수도 있다. 양측이 똑같이 나쁘다고 말하는 것은 객관적이지 않

다. 그것은 그저 사람들이 당신을 객관적인 사람이라고 생각하게 만들려고 하는 말에 불과하다. 문제에 직접 개입하지 않겠다는 변명, 그 이상도 이하도 아니다.

2. 당파적인 사람들은 자기 집단에 대한 비판을 묵살하기 위해서 '정치적 논쟁은 어떤 집단이 정말로 더 나은지에 관한 것'이라는 개념에 호소하려고 할 것이다. "저쪽도 똑같은 짓을 했다"고 지적함으로써 비난에 반박할 수 있다고 생각할지도 모른다. 하지만 저쪽이 같은 짓을 했는지 아닌지는 어떤 정책이 더 나은지가 아니라, 어느 당이 더 나은지를 논할 때에만 의미가 있다.

3. 근본적인 문제는 논쟁의 대상이 정책이 아니라 정체성이라는 것이다. 그러므로 협상은 절대로 상대방의 정당한 우려에 대한 원칙적인 인정으로 여겨지지 않는다. 기껏해야 나쁜 집단이 우리에게 강요한 마키아벨리적인 전략일 뿐이다.

4. 이제 정치적인 논쟁에서 지는 것은 훨씬 더 높은 위험을 감수해야 하는 일이다. 당신의 정책이 가진 장점으로 누군가를 설득해 냈는지가 아니라, 당신이 좋은 사람인지 아닌지에 대한 것이기 때문이다.

사실 민주주의는 2천 5백년이나 된 매우 오래된 정치 모델이다. 그래서 민주주의의 장점과 단점이 무엇인지, 언제 성공하고 실패했는지 등에 대한 많은 데이터가 존재한다. 학자들은 민주주의의 두 가지 다른 종류의 특징, 즉 구조적인 측면과 레토릭적인 측면에 주목한다. 민주주의는 구조적으로 중산층이 튼튼하고, 군경이 분리되어 시민의 통제를 받고, 모든 사람에게 적법하게 절차가 적용될 때 공정하다고 여겨지고, 공공선이 위태로운 경우가 *아니라면* 정부가 "사적인" 공간을 존중하여 침해하지 않고, 선출직이든 *아니*든 정치인들이 진실되지 않거나 공정하지 않을 때 시민들이 화를 내면 성공한다. 그러나 만약 시민들이 사회 문제를 *상대편*이 더 많이 얻을수록 *우리편*은 더 많이 잃게 되고, *우리편*에 반대한다면 어떤 주장에라도 분노해야 하고, 상

*대편*에 반대한다면 어떤 주장이더라도 응원해야 한다는 의미의 제로섬 게임으로 간주한다면, 민주주의는 실패한다.

민주주의는 레토릭, 즉 시민들이 서로 논쟁하고 설득하려고 노력하는 데 의존한다. 하지만 알다시피 모든 논쟁 방식이 똑같지는 않기 때문에, 어떤 종류의 레토릭이 유익하고 해로운지에 대해서는 오랜 논쟁이 이어져 왔다. 그리고 앞서 언급한 구조적 특징에서처럼 레토릭을 바람직하게 활용하는 방법에 대해 널리 합의된 원칙이 존재한다. 본질적으로 바람직한 정책(어떤 행동을 해야 하는가)에 대한 공적 담론은 포용, 공정, 책임, 자기회의, 쟁점stasis(혹은 "필수 쟁점stock issue")의 원칙을 따른다.[2]

포용은 다른 원칙들과 마찬가지로 간단한 동시에 복잡하다. 토론은 관련된 정보를 가진 모든 사람들, 다양한 관점을 가진 사람들, 가장 많은 영향을 받는 사람들을 가능한 한 많이 포함해야 한다. 간접적으로 전해 들은 내용에 기대지 않고 *상대방*의 생각을 최대한 있는 그대로 정확하게 파악하려고 노력해야 한다. 때때로 누군가가 폭력을 사용하겠다고 위협하거나(이런 오류를 '위력에 호소하는 오류'라고 부른다), 다른 사람이 발언하도록 내버려 두지 않거나, 토론의 규칙을 따르기를 거부한다면 대화에서 배제해야 한다. 논쟁을 마무리하려면 적당한 수준의 배제는 항상 필요하므로 이런 배제가 발생할 때 단순히 우리 대 그들이라는 기준에 따라서는 안 된다. 우리가 배제되는 대상이 되더라도 합리적이라고 생각할 만한 이유에 근거하여 배제해야 한다.

이는 **공정성** 원칙의 예시이기도 하다. 규칙을 모든 사람에게 동등하게 적용시키는 것과 같이 논쟁을 공정하게 만들려는 노력은, 논쟁의 규칙 자체에 대한 논의로 이어진다. 그리고 이는 좋은 징조다. 참여자들은 어떻게 논쟁해야 하는지, 무엇을 적절한 증거로 인정할 것인지, 무엇이 논쟁을 방해하거나 불공정한 행동인지, 어떤 "쟁점"이 가장 유의미한지에 대해 논쟁할 필요가 있다. 사실 *어떻게 논쟁해야 하는지에 대한 논의*는 선동을 가장 많이 방해한다. 특히 그 논의가 모든 참여자에게 동등하게 적용되어야 하는지(논쟁에서 *우리*가 상대를 모욕하는 것이 허용된다면, 그들에게도 허용되는지)에 대한 것일 때 그렇다.[3] 또한 다른 사람들의 생각을 어떻게 특징짓고 표현할지에 관해서 최대한 서로 공정하도록 노력해야 한다. 때때로 추론을 할 수도 있고 상대편이 우리가 생각하기에 근거 없는 추론을 한다고 지적할 수도 있지만, 어떻게 그 추론을 하는지에 대해서는 **책임**질 필요가 있다. 상대편이 비열하게 굴거나 격렬히 화를 내거나 매우 비판적이어도 투덜대지 않아야, 우리도 똑같이 행동할 수 있다. 그리고 상대편이 이의 제기를 했을 때 주장을 "보완"하고, 정확하고 정직하려 하고, 적절한 증거와 신뢰할 만한 출처를 바탕으로 주장하고, 주장의 논리적인 전제와 결과를 인정해 스스로 한 말에 대해 책임을 질 필요가 있다. 우리도 틀릴 수 있고 지식의 한계가 있음을 인정하며, 주장의 증거와 출처, 전제에 대해 다시 생각해 볼 여지를 가지고 논쟁에 참여해야 한다. 이것이 바로 **자기회의** 원칙이다.

복잡하기 때문에 나중에 다루겠지만, 많은 사람들이 확실성과 비현실적인 상대주의를 확실하거나(이런 경우 자기 믿음에 따라 행동하는 것이 정당화된

다) 생각이 없다(이런 경우는 정당화되지 않는다)는 식의 절대적인 이분법 관계로 가정한다. 사실 우리는 모두 다양한 정도로 불확실한 세상에서 살아간다. 어떤 경우에는 잠시 멈춰서 생각해 봐야 하지만, 대부분의 경우에는 꽤 확신을 갖고 행동해도 괜찮다. 자기회의 원칙은 확신할 수 없으면 절대 행동하면 안 된다는 뜻이 아니라, 중요한 사안일수록 스스로 *어떻게* 생각하고 있는지에 대해서 생각해 볼 필요가 있다는 뜻이다.

정부의 행동 방침에 대해서 동의하지 못하면 "정책 숙의"의 영역에 들어가게 된다. 공동체를 위한 최선의 정책을 결정하는 데 있어서 가장 도움이 되는 **쟁점**이 무엇인지에 대해서는 오랜 세월에 걸쳐 합의된 바가 있다. 생산적인 정책 숙의는 행동을 바꿔야 할 정도의 문제와 해악이 무엇인지(필요)와 이를 해결하기 위한 다양한 방안들에 대해 논쟁하는 것을 포함한다. 통념과 달리 정답이 분명한 경우는 거의 없기 때문에 문제의 원인에 대해서도 이야기해야 한다. 해법은 구체적 원인들과 직접적으로 관련되어 있으므로 반드시 원인을 정확하게 묘사해야 한다. 만약에 타이어가 낡아서 닳았다면 타이어를 교체하는 것이 최선의 방안이겠지만, 바퀴의 정렬이 어긋나서 그런 것이라면 이는 장기적으로 더 큰 비용을 발생시키는 방안이 된다. 타이어를 교체하기(방안) 전에 타이어가 왜 닳았는지(원인)를 파악해야 하는 것이다. 필요와 그 원인에 대해서 논쟁할 때, 해악(상황에 내재되어 스스로 사라지지 않는 문제)이 무엇인지 확인해야 한다. 다양한 증상이 있는 환자가 와서 항생제를 처방해 달라고 하면, 의사는 증상의 원인이 무엇인지부터 결정해야 한다. 만약 한나절만에 사라질 바이러스인데 항생제를 처방하면 불필요한 약제비용이 발생할 뿐만 아니라 항생제에 내성이 생겨서 향후 정말 필요한 때에 치료 효과가 줄어드는 의도하지 않은 부작용이 생길 수도 있다.

실현 가능한 정책인지 논쟁할 때는 문제해결 능력, 실행 가능성, 의도하지 않은 결과를 고려해야 한다. 실행하려는 정책이 입증된 문제와 해악을 해결할 수 있는지(새 타이어는 바퀴의 정렬을 바르게 해주지 못하고, 항생제는 감기를 낫게 하지 못한다), 충분히 실용적인지, 궁극적으로 좋은 점보다 나쁜 점이 더 많을지에 대해서 논의할 필요가 있다는 것이다. 어떤 유명한 정치인이 범죄가 얼마나 끔찍한지에 대한 수많은 통계와 대부분의 폭력 범죄가 16-24세의 남성에 의해 저질러졌다는 사실을 제시하면서, 모든 남성을 16살에 구속했다가 24살이 되면 석방시키자고 주장한다고 해보자. 이 정책은 문제를 해결할지도 모르지만, 실행 가능하지도 않고 결과는 문제보다 더욱더 끔찍할 것이다.

선동의 문제 중 하나는 이러한 공적 담론의 원칙을 깬다는 것이다. 선동은 *상대편*이 문제일 경우에만 *우리*가 숙의에 참여해야 한다고 말한다. 우리는 본질적으로 더 선하고 그들은 본질적으로 악하므로 우리가 대접받고 싶은 대로 그들을 대하는 것은 틀린 (흔히 "자살행위"라 일컫는) 것이다. 그래서 선동에 의하면 레토릭에 있어 유일하게 가져야 하는 책임감은 우리편에 대한 충성이고, 유일하게 적합한 쟁점은 결국 정체성의 문제로 환원되고 마는 필요다.

2.
선동을 구별하는 잘못된 방법

민주주의가 있는 곳에는 선동demagoguery도 있었다. 고대 그리스에서 "선동가demagogue"는 처음에는 단순히 귀족이 아닌 정치 지도자, 즉 포퓰리스트를 의미했다. 좋은 포퓰리스트도 있었고 나쁜 포퓰리스트도 있었다. 약 서기 100년 경 플루타르크Plutarch는 선동가와 정치인 간에는 절대적인 차이가 있다고 주장했고, 그 주장은 우리 뇌리에 박혀 있다. 그의 정의에 따르면 선동가는 포퓰리스트인 척하면서 자신의 이익만 생각하고 감정에 호소하는 방식으로 무지한 대중을 선동하는 연설가다.

플루타르크는 틀렸다. 그것도 아주 많이.

이렇게 생각해 보자. 플루타르크가 옳다면 선동가가 누구인지 확인하기는 쉬울 것이다. 하지만 이상하게도 그렇지가 않다. 아니, 보다 자세히 말하자면 과거를 돌아보면서 그 *시대의 사람*들은 선동가한테 속았다고 말하기는 쉽지만, *지금 우리*가 속고 있다는 것을 깨닫는 것은 쉽지 않다. 오늘날 우리는 성체를 훼손하고, 우물에 독약을 풀고, 세계적인 음모에 가담했을 것이라는 이유로 유대인을 학살하던 과거를 돌아보며 끔찍해 한다. 노예제는 옹호할 수 없는 것이었으며, 인종분리정책은 나쁜 정책이었고, 우생학자들이 "결함이 있다"는 이유로 6천 명의 사람들에게 강제로 불임수술을 하도록 허가해서는 안 됐다고 생각한다. 일본인을 강제수용*한 것은 미국의 가치를 끔찍하게 저버린 짓이고, "건방진" 유색인을 린치하는 것은 의심할 여지 없이 사악한 일이고, 히틀러의 제노사이드로부터 가까스로 탈출한 유대인들을 다시 독일로 돌려보내는 것은 윤리적이지 않았다는 것을 알고 있다. 이 모든 일들은 사람들이 선동에 설득당해 벌어졌다. 하지만 사람들이 그것을 선동이라고 인식했다면, 설득당하지 않았을 것이다. 그러므로 선동은 그것이 선동임을 인식하지 못할 때 (그리고 그렇기 때문에) 작동한다.

* 1941년 12월 일본군이 진주만을 공습하자 이듬해 2월 프랭클린 D. 루즈벨트(Franklin D. Roosevelt) 대통령은 일본계 미국인들을 강제 이주 및 수용하도록 하는 행정명령 9066호에 서명했다. 이후 약 12만 명의 일본계 미국인들이 10개의 수용소로 이송되었다. 수용소 마을들은 철조망과 감시탑으로 둘러싸여 있었고, 탈출을 시도하다 사살당한 사람도 있었다. 1945년 강제 수용 권한이 없다는 연방대법원의 만장일치 결정에 따라 해리 S. 트루먼(Harry S. Truman) 대통령이 수용소 폐쇄를 명령했다.

따라서 선동을 알아차리는 것은 플루타르크가 말한 것처럼 쉽지 않을 수 있다.

오늘날 선동은 우리 문화에 너무나 만연하기 때문에 이쯤에서 당신은 내가 이런 상황이 지속되면 재난 수준의 결과가 나타날 것이라고 과장되게 주장한 후, 이를 해결하기 위한 세 가지 간단한 방법을 제시하리라고 기대하고 있을지도 모른다.

하지만 어림없다. 선동은 종종 재난을 일으키지만(예를 들어 홀로코스트), 항상 그런 것만은 아니다(예를 들어 어떤 음악가의 음악이 문화적으로 재난에 가깝다고 과장된 유튜브 댓글을 다는 사람). 선동이 무엇이고, 선동을 어떻게 정의하고, 선동이 어떻게 작동하고, 왜 사람들은 선동을 좋아하고, 선동에 대해 무엇을 할 수 있는지 설명하는 것은 복잡한 일이다. 선동은 선동이 아니라면 존재하지 않을 것이다. 선동을 전통적인 의미에서 타락하고 자기 이익만 추구하는 정치적 엘리트 쪽에서 추종자들을 조종하려고 행하는 명백히 거짓된 레토릭이라고 정의한다면, 우리가 할 수 있는 것이라고는 이런 선동가에 대해 아래의 네 가지 질문을 던져보는 것이 전부다.

1. 그는 명백히 거짓을 말하고 있는가?
2. 그는 나쁜 사람인가?
3. 그는 포퓰리스트적인 개념에 호소하고 있는가?
4. 그는 조종하고 있는가?

이 질문들은 전적으로 잘못됐다. 왜냐하면 이런 질문은 사실상 우리와 비슷한 사람을 좋아하고 우리에게 반대하는 사람은 싫어하는지를 스스로에게 묻는 것과 다름없기 때문이다. 이미 호도당하고 있는 상황에서 이런 질문들은 도움이 안 된다.

선동은 단순히 세계가 좋은 사람(우리)과 나쁜 사람(그들)으로 이루어져 있다고 말하기 때문에 우리의 마음을 편안하게 해준다.[4] 진실은 우리처럼 좋은 사람 눈에는 명백하므로 우리가 동의하지 않는 이야기는 들을 필요도 없다. 지금 우리가 이런 나쁜 상황에 처하게 된 이유는 과거에 *상대편*의 이야기를 너무 많이 들어주었기 때문에, 그들을 너무 친절히 대하고 동정심을 보였기 때문이다. 선동은 *정책*에 대해 생각하고 토론하는 것을 그만두고 행동하기만 하면 된다고 말한다. 우리가 해야 할 일은 모든 좋은 사람이 분명히 옳다고 여기는 방식대로 행동할 수 있도록 좋은 사람들에게 권력을 주는 것이기 때문이다.

그러나 현실에서 정치적 문제는 원인과 해결책 모두 복잡하기 때문에 완벽한 결정이란 존재하지 않는다. 어떤 계획이 다른 계획보다 나을 수는 있지만, 모든 선택에 따르는 비용과 결과를 미리 완전히 예측할 수는 없다. 결정을 내리던 순간에는 확신했더라도 실제로 상황이 전개되는 과정에서 사람들은 항상 약간은, 때로는 많이 놀라게 된다. 모두 어느 시점에는 그리고 어느 정도는 틀린다. 절대 틀려본 적이 없다고 주장하는 사람은 단지 아주 편리한 기억력을 갖고 있을 뿐이다.

만약 스스로 판단력이 좋다고 생각하거나 모호하고 복잡한 것에 불편함을 느낀다면, 지난 결정들을 돌아보고 본인이 저지른 실수를 인정하는 일은 고통스러울 것이다. 좋은 판단력을 가진 좋은 사람이라는 자아상과 과거를 평가하고 실수를 인정하는 일 사이에서 상당한 인지부조화에 직면하기 때문이다. 선동은 자기 자신과 자신의 판단에 대해 질문하는 것을 멈출 수 있다고, 우리는 어떤 잘못도 하지 않았고 우리의 판단은 절대적으로 옳다고 이야기해 줌으로써 이런 인지부조화를 해결해 준다. 진짜 피해자는 우리인 것이다.

과거의 유명한 선동의 시절들을 지금에 와서 돌이켜 보면, 선동가가 했던 말과 그 말들이 명백히 거짓이라는 것을 잘 알 수 있기 때문에 나라면 그들에게 절대 속지 않았을 것이라고 생각한다. 홀로코스트는 자기 방어가 아니었고, 독일은 세계를 지배할 자격이 있는 희생자가 아니었고, 일본인 강제수용은 일본의 침략으로부터 미국을 보호하기 위한 것이 아니었고, 우생학은 범죄를 줄이지 않았고, 인종분리정책은 과학이나 성서에 의해 정당화되지 않았으며, 노예제는 필요악도 절대선도 아니었다. 그러나 우리가 그 시절로 돌아갔다고 상정하고 그 당시의 사람들이 가진 정보만으로도 지금과 같은 판단을 내릴 수 있을지 이해해 보려고는 하지 않는다. 우리는 똑똑하고 좋은 사람들이 히틀러를 좋아했다거나, 히틀러가 잘 다듬어지지는 않았지만 책임지는 자리에 있다 보면 점차 성숙해지고 사실 정말 그런 의미로 그런 말을 하는 것은 아닐 것이라고 믿었다거나, 자유민주주의는 끝났으니 파시즘이 최선의 선택이고, 히틀러를 통제할 수 있을 것이라고 생각했다는 사실을 인정하고 싶어 하지 않는다. 제노사이드를 원하지 않았던 많은 똑똑한 사람들은 불길을 통제할 수 있을 것이라고 생각하면서 증오의 불씨를 당겼지만, 당겨진 불씨는 걷잡을 수 없이 타올랐다.

이 모든 이야기가 일종의 역사적 결정주의나 비현실적 상대주의를 지지하는 것처럼 들릴 수도 있지만, 그렇지 않다. 똑똑하고 좋은 사람들 중 많은 이들이 그러한 정책들에 반대했고, 히틀러에게서 문제점을 보았고, 문제의 싹이 자라는 것을 알아차렸다. 이 이야기의 요점은 똑똑하고 좋은 사람이 된다고 해서 선동에 넘어가지 않는다고 보장할 수 없다는 것이다. 세상은 절대 선동에 넘어가지 않는 (우리처럼) 좋은 사람과 선동에 빠지는 (그들처럼) 나쁜 사람으로 나뉘어 있지 않다. 선동가가 “좋은” 사람인지 “나쁜” 사람인지 판단하는 것으로 그의 레토릭이 선동인지 아닌지를 결정할 수는 없다. 레토릭을 판단하려면 레토릭 그 자체를 봐야만 한다.

1942년 봄, 당시 캘리포니아 주 검찰총장 얼 워런Earl Warren이 일본 혈통의 주민들을 대규모로 감금하는 것을 지지했던 사례를 살펴보자. 워런은 좋은 사람이었고, 후에 그가 연방대법원에서 인종분리정책에 관련해 내린 판결(*브라운 대 교육위원회**)은 영웅적이기도 했다. 하지만 워런이 적국 출신자들을 "퇴거"시켜야 한다는 제안에 대해 의회 위원회에서 했던 증언은 후에 전시 민간인 강제이주 및 수용에 관한 위원회Commission on Wartime Relocation and Internment of Civilians가 "선동 그 자체"였다고 판단했다.[5] 5장에서 자세히 설명할 예정인 그 증언은 명백한 선동이었다. 그러나 앞서 살펴본 전통적인 선동의 정의에 따르는 네 가지 질문만으로는 당시 그 누구도 그의 증언을 선동적이라 판단하기 어려웠다.

* Brown v. Board of Education. 1954년 연방대법원은 동등한 시설을 갖추고 있다면 인종별로 학교를 분리해도 합헌이라는 1896년의 판례를 뒤집고 백인 학교에서 흑인 아동의 입학을 거부하는 것은 모든 시민에게 평등한 법의 보호를 보장하는 수정헌법 14조를 위반하는 것이라고 전원 만장일치로 판결했다.

1. **그는 명백히 거짓을 말하고 있는가?** 그는 자신이 거짓이라고 생각한 정보를 제시하지 않았다. 그는 그 정보들이 진실이라고 생각했다.

2. **그는 나쁜 사람인가?** 워런의 사례는 사람들이 선동에 속고 있음을 알아차리는 데 이 질문이 쓸모없는 이유를 잘 보여준다. 사람들이 스스로 나쁜 사람이라고 인정할 리가 없기 때문이다. 워런은 확실히 자신을 나쁜 사람이라고 생각하지 않았고 진심으로 공동체를 위해 좋은 뜻으로 행동했다.

3. **그는 포퓰리스트적인 개념에 호소하고 있는가?** 앞으로 살펴보겠지만 워런의 주장은 법을 집행하는 공무원들로부터의 지지 증언과 토지 소유 경향을 보여주는 지도에 의존했다. 많은 사람들이 "일본인"은 태생적으로 신뢰할 수 없다고 믿고 있었지만, 그는 포퓰리스트가 아닌 엘리트 전문가로서 행동했다.

4. **그는 조종하고 있는가?** 다시 말하지만, 그는 진심이었고 정직했다. 하지만 틀렸다.

몇 년이 지나서야 자신이 한 실수를 확인시켜 줄 뿐인 질문들은 유용하다고 할 수 없다. 그러므로 이 질문들은 유용하지 않다. 그렇다면 어떤 질문이 유용한가?

3.
선동이란 무엇인가

확실히 선동이고 전혀 선동이 아니라는 식의 흑백 논리에서 벗어나 선동이 그렇게 명확하지 않고 다양한 형태와 정도로 존재한다는 점을 인정한다면, 위의 네 가지 질문보다 더 엄격한 선동 구분법을 개발해야 한다. 나는 선동에 대해 회의적인 사람이기에 내가 내린 정의가 이 문제에 대해 생각할 수 있는 유일한 방법이라고 이야기하지는 않을 것이다. 나는 추상적인 정의, 즉 어떤 텍스트나 언론 매체, 문화가 얼마나 선동적인지를 측정할 수 있는 기준들과 함께 어떻게 선동이 작동하는지에 대해 설명할 것이다. 선동의 일반적인 정의는 아래와 같다.

> 선동은 내집단의 현재 문제를 해결하기 위해 외집단을 희생양으로 삼는 정도와 수단의 관점에서 공공정책을 구조화하여, 안정감과 확실성, 레토릭적 책임 회피를 약속하는 담론이다. 공적인 반대는 크게 세 가지 쟁점과 관련되어 있다: 집단 정체성(누가 내집단인지, 무엇이 외집단에 소속되어 있다는 것을 나타내는지, 연설가가 얼마나 내집단에 충성하는지), 필요(외집단이 우리에게 하고 있는 끔찍한 일들, 그리고 외집단의 존재 자체), 외집

단에 가해져야 하는 처벌의 수준(외집단의 권리 제한에서부터 외집단의 절멸에 이르기까지)이다.

가장 극단적인 선동의 사례들에 항상 존재하는 확실한 특징들이 있다. 이 특징들을 기준으로 어떤 공적 담론이 선동의 연속선 위에서 어디쯤에 위치하는지를 확인할 수 있다.

- 선동은 복잡한 정치적 상황을 우리(좋음)와 그들(그중 일부는 의도적인 악마들이고 나머지는 멍청이들이다)로 나눠 양극화한다.
- 선동은 세계가 우리편과 상대편으로 환원될 수 있기 때문에, 정책을 정책으로(즉, 필요, 실행 가능성, 문제해결 능력, 아래에서 논의되는 다른 "쟁점"들의 관점에서) 논쟁하면 안 되고 대신에 정체성(이 정책을 우리가 주창했는지 그들이 주창했는지)과 동기(선동은 일반적으로 뒤에 설명할 "동기주의의 오류"를 띤다)에 관해서 논쟁해야 한다고 주장한다.
- 선동은 집단 간의 공정성(내집단과 외집단에게 같은 기준을 적용하는 것)과 같은 가치들을 불필요하거나 아마

도 자살행위와 같은 것이라고 취급하면서, 내집단의 상황이 너무나 끔찍하기 때문에 어떤 행동도 정당화할 수 있다고 주장한다.

- 선동은 진정한 진실은 쉽게 인식하고 전달할 수 있기 때문에, 복잡성, 뉘앙스, 불확실성, 숙고는 비겁하고, 우유부단하고, 지나치게 신중해서 행동을 막는다고 주장한다. (뒤에 설명할 "소박실재론naïve realism"을 참고하라.)
- 선동은 허수아비 논증의 오류, 투사projection, 비일관적인 전제에 대한 호소, 개인적 신념으로부터의 주장 등의 오류에 매우 의존한다.
- 선동은 반드시 감정적이거나 격렬하지는 않지만 자주 "우리"가 절멸, 거세, 강간에 직면하고 있다고 암묵적으로 혹은 명시적으로 위협하면서 정책 논쟁의 "필요" 측면을 상당히 강조한다.

4.
선동은 어떻게 작동하는가

앞서 살펴본 내용들은 선동의 본질을 드러내는 중요한 특징들이다. 이런 특징들은 선동적인 글, 논쟁, 문화에서 어느 정도로는 항상 존재하게 마련이다. 그렇지 않다면 그것은 선동이 아니다. 이 모든 특징들 중에서 가장 중요한 것은 정치적인 질문을 우리 대 상대편의 구도로 환원하는 것이다. 사회 심리학자들은 이를 "내집단 편애in-group favoritism"라고 부른다. 심리학자들은 "사회적 집단"을 언급할 때 "내집단"과 "외집단"이라는 용어를 사용한다. 이 책에서 다루게 될 선동의 나머지 특징들의 대다수(거의 대부분)는 본질적으로 우리편 대 상대편이라는 이 단순화의 다른 버전이거나 직접적인 결과이기 때문에 내집단 편애는 매우 중요한 개념이다. 이런 특징들은 선동이 존재하기 위해서 반드시 나타나야 하는 것은 아니지만, 자주 나타나는 편이다.

선동의 특징 중 하나는 *사회적 집단 소속이 증거로 충분하다*는 것이다. 예를 들자면 사람들은 종종 누군가가 어느 집단에 속했다는 사실이 증거로 충분하다는 듯이, 저자가 외집단 구성원이라는 이유로 그가 작성한 자료를 "편향된" 것이라고 거부한다. (이를 "발생적 오류"라고 부른다.)

우리는 스스로 발생적 오류에 빠져 있다는 것을 깨닫지 못한다. 그 오류가 우리 같은 사람들(내집단 구성원)은 본질적으로 믿을 만하고, 그들 같은 사람들(외집단 구성원)은 그렇지 않다는, 자주 틀리곤 하는 직감에 호소하기 때문이다. 이 오류가 작동할 때 우리는 단지 내집단과 외집단의 구성원을 다르게 대하는 것을 넘어 다르게 인식한다. 예를 들어 *정확히 똑같은 행동에 대해서*도 내집단 구성원에게는 좋은 동기가 있다고 보면서 외집단 구성원에게는 나쁜 동기가 있다고 보는 경향이 있다. 그래서 만약 내집단의 정치인이 강아지를 걷어찼다면, 그가 실수를 했다거나, 좋은 뜻으로 그랬다거나, 강아지가 차일 만 했다거나, 심지어 *정말로* 걷어찬 것은 아니라고 말할 수 있는 방법을 찾으려고 애쓸지도 모른다. 만약 외집단 정치인이 강아지를 걷어찼다면, 그건 그가 사악하고 증오에 가득 차 있다는, 상대편은 전부 다 그런 사람들이라는 증거다. 만약 외집단 정치인이 물에 빠진 강아지를 구해준다면, 그것은 그저 표를 얻기 위한 짓이다. 만약 내집단 정치인이 그런다면, 그것은 우리 같은 사람들이 당연히 더 좋은 사람들이라는 증거다. *우리편* 정치인이 진실되지 못한 것을 말한다면 실수지만, *상대편* 정치인이 그런다면 고의적으로 거짓말을 하는 것이다. 상대편 대통령이 많은 행정명령을 발동하면 파시즘이 임박했다는 조짐이지만, 우리편 대통령이 그런다면 결단력 있는 리더십의 징조다.

그러면 증거가 사실상 결론이라는, 반증될 수 없는 순환론적인 주장을 하고 있다는 것을 인식하지 못한 채로 집단 소속이 일종의 "증거"로 작용하는 것처럼 *보일* 수 있다. 어떤 정보가 "편향됐는지" 혹은 "객관적인지"를 판단하기 위해 그것이 진실인지를 스스로에게 물어보는 이 순환 논증은 특히 "편향"이라는 유명한 개념과 관련지어 볼 수 있다.

만약 극단주의자들과 논쟁하기 위해서 나만큼 오랜 시간 인터넷을 많이 헤집고 다녀본다면, "자료의 출처가 편향적이네요the source is biased"라는 운동을 금세 접하게 될 것이다. 당신이 어떤 증거를 제시해도 상대편은 그 출처가 편향적이라며 증거를 들여다보려고도 하지 않을 것이다. 그리고 "편향"되었다고 지적하면서도 왜 잘못된 증거인지 면밀하게 분석해 보여주지 않는다. 그가 말하는 "편향"은 내집단/외집단 소속으로부터 연역된 것이다. 해당 자료는 내집단의 주장에 동의하지 않기 때문에 외집단의 것이 분명하다. 이는 자신의 주장을 반증하고 있다는 이유로 모든 반증하는 근거들을 기각할 수 있는 강력한 순환론이다.

많은 사람들은 어떠한 매개도 없이 세계를 정확히 있는 그대로 인식하는 것이 가능하며 바람직하다고 믿는다. 그들에게 가장 "객관적인" 관점은 가장 적은 해석과정을 거친 관점으로, 대개 상황에 대한 복잡한 사고를 거부함으로써 달성할 수 있는 정신적 상태다. 사회 심리학자들이 "소박실재론"이라고 부르는 이런 인식 모형은 어떤 주장이 진실인지를 결정하기 위해서는 내 주변 세계를 둘러보고 내 인식이 그 주장에 부합하는지를 살펴보기만 하면 된다고 가정한다.

또한 소박실재론은 사람들로 하여금 단순한 설명(그런 설명이 직접적인 인식에 가장 잘 부합할 것이기 때문에)을 선호하게 하고 확증 편향confirmation bias(사람들은 기존의 믿음에 부합하는 정보를 보다 더 쉽고 빠르게 인식하는 경향이 있기 때문에)으로 더욱 쏠리게 만든다. 그러므로 역설적이게도 본인이 항상 세계를 있는 그대로 정확히 본다고 믿는 것은 틀릴 가능성뿐만 아니라 동일한 사안을 매번 같은 방식으로 틀릴 가능성을 높인다.

게다가 소박실재론자들은 그들이 (매개된 것은 고사하고) 특정한 관점에서 세계를 본다는 사실 자체를 부정하기 때문에, 다른 사람들의 관점에서는 어떻게 볼 수 있는지 알 필요도 없다고 생각한다. 사실 이들은 종종 자신의 입장에서 모든 관점을 전부 볼 수 있다고 믿는다. 자신들의 경험은 정상적이고 보편적이지만, 타인의 관점은 특별하고 특수하며 편향되어 있다. 그러므로 자신들이 강아지를 걷어차는 것을 좋아하면 다른 사람들도 다 그럴 것이며, 강아지를 걷어차는 것을 좋아하지 않는 사람을 만나면 고려할 필요도 없는 예외로 취급한다. 소박실재론자들이 사람 일반에 대해서 주장할 때 그런 사람은 말 그대로 "계산"되지 않는다. "모든 사람"에 대해 말할 때 "예외적인 사람"은 계산하지 않기 때문에 그들은 어떤 반대도 쉽게 기각할 수 있다.

또한 소박실재론자들은 자주 이분법에 의존한다. 사안을 이것 아니면 저것으로 나누는데, 그 둘 사이에는 아무것도 존재하지 않는다. 이런 이분법을 통한 추론은 소박실재론을 강화한다. 그들은 당신이 진리가 명백하다(소박실재론)고 믿는 사람이거나 진리 같은 것은 존재하지 않는다(때때로 "상대주의", 더 부정확한 표현으로 "포스트모더니즘"이라고 불리는)고 말하는 사람이라고 믿는다. 확실하거나 전혀 모르겠거나 둘 중 하나인 것이다. 하지만 세상이 일반적으로 그렇지는 않다. 우리는 많은 경우에 다양한 정도의 불확실성이 존재하는 상황에서 결정을 한다. 강수확률이 90%라면 우산을 가져가야 한다고 꽤나 확신할 것이고, 확률이 1%라면 우산을 두고 가면서도 마음이 편할 것이다. 강수확률이 50%라면 결정을 내리는 데 있어서 비슷한 수준의 자신감을 가질 수는 없지만, 이런 날에도 결정은 할 수 있다. 우산을 가져가거나 두고가는 것이지 어찌할 바를 모른 채 문간에 서있지는 않는다(실제로 그러고 있다면 문제적인 행동으로 인지하고 의사에게 알려야 한다). 확률론적인 상황에서 사고하고 행동하는 우리의 능력은 소박실재론과 상대주의의 이분법이 거짓이라는 점을 잘 보여준다.

정책 숙의를 피하게 만드는 또 하나의 중요한 이분법은 결정을 "좋은" 것과 "나쁜" 것으로 나누는 것이다. 선동의 내용이 특정한 행동 방침을 따르라는 것일 때, 종종 우리는 그것이 나쁜 결정이었다는 것을 재빨리 알아차린다. 예를 들어 나치당은 수정의 밤Kristallnacht(1938년 11월 9일 밤에 유대인 상점과 유대교 회당들이 공격받은 사건) 이후 상당한 타격을 입었고, 미국은 2001년 말에 아프가니스탄을 침공했을 때 거의 즉시 반란에 직면했다. 모든 결정이 전적으로 좋거나 전적으로 나쁘기만 하다고 생각한다면, 우리가 내린 결정을 어떻게 이해할 수 있을까? 우산을 가져가지 않았는데 비가 내린 상황에서 좋은 (좋은 사람들이 내린 종류의) 결정과 나쁜 (나쁜 사람들이 내린 종류의) 결정 사이의 이분법만 존재한다고 가정하면 우리에게는 상당히 제한된 선택지밖에 남지 않는다. 첫 번째 선택지는 우산을 두고 온 결정이 나쁜 결정이었다는 것을 인정하고 우산을 가지러 가는 것이다. 이러면 우리는 나쁜 결정을 내린 나쁜 사람이 된다. 두 번째는 좋은 결정이나 나쁜 결정만 있다는 이분법과 좋은 결정은 좋은 사람과 나쁜 결정은 나쁜 사람과 연결시키는 것에 대해 다시 생각해 보는 것이다. 세 번째는 우산을 두고 온 것이 좋은 결정이었다고 우기면서 우산을 가지러 가지 않는 것이다. 놀랍게도 이 마지막 선택지가 가장 매력적이고 흔한 선택이다. 좋은 결정과 나쁜 결정만 있다고 생각한다면, 과거의 결정으로부터 배우고 진로를 수정하는 것이 *더 어려운* 일이 되기 때문이다.

이렇게 이분법적으로 사고하면 선동이 제공하는 확실성과 책임감 회피를 간절히 원하게 된다. 소박실재론을 비판하는 것은 우리가 절대로 옳거나, 옳지 않다거나, 이 세상에 옳고 그름 같은 것은 없다고 말하기 위해서가 아니다. 소박실재론 비판이 시사하는 바는 확실하다고 생각하는 것이 곧 옳은 것은 아니라는 점이다. 그래서 어떤 이들은 이 비판을 두려워한다.

선동은 정치적 스펙트럼의 어느 쪽에서나, 비

정치적인 이슈에 대해서도 호출되지만, 언어학자 조지 레이코프George Lakoff가 "엄격한 아버지" 모형이라고 부르고 다른 학자들은 권위주의라고 부르는 것과 자주 연관된다. 이 개념에 따르면 좋은 정부는 엄격한 아버지처럼 행동한다. 즉 아버지가 세운 규칙을 따르라고 자식들(시민들)을 통제와 체벌로 훈련시킨다. 레이코프는 통제/혼돈, 지배/복종, 체벌/보상의 이분법으로 작동하는 은유가 존재한다고 지적한다. 엄격한 아버지 모형과 권위주의에서 특히 중요한 점은 믿음과 사고가 융합된다는 점이다. 자기 반성적인 비판적 사고를 하면 칭찬은 거의 혹은 전혀 받을 수 없고, 권위에 대해 의문을 가지는 것은 반항으로 간주된다. 이런 세계에서는 권위에 대한 복종만이 항상 좋은 것이다. 그리고 복종과 저항 사이에는 완벽한 이분법이 존재한다. 복종하지 않는 것은 반항하는 것이다. 참여하기를 거절하는 것, 모든 관점의 의견을 들어야 한다고 주장하는 것, 내 집단의 계획과 정책의 흠결에 대해서 토론하고자 하는 것은 복종하지 않는 것이고, 반항하는 것이며, 충성스럽지 못한 것이다.

권위주의는 *상대의* (부정한) 권위에 저항하라고 주장함으로써 반권위주의적으로 보일 수 있지만, *우리의* (정당한) 권위에 대해서는 항상 완전한 복종을 요구한다. 정당한 권위 대 부정한 권위에 관한 이 논쟁은 선동이 폭력을 필요한 수단이자 숭고한 자기 방어라고 표현한다는 점에서 중요하다. 그리고 *상대의* 권위는 부정하다는 주장은 두 가지 순환론적인 방식으로 성립된다. 첫째로, 그들은 진짜로 이곳 출신이 아니기 때문에, 우리의 가치에 진짜로 충성하지 않기 때문에, 우리가 *진짜* 미국인, 기독교인, 날아다니는 스파게티 괴물을 섬기는 종교의 신도Pastafarian 답다고 여기는 상징과 표시에 명확하게 복종하는 것처럼 보이지 않기 때문에 그들의 권위는 부정하다. 하지만 충성에 관한 이 모든 주장들은 그들은 *우리가 아니라*는 말을 복잡하게 하는 것에 불과하다. 그들은 그들이기 때문에 그들의 권위는 부정한 것이다.

둘째로, *상대*는 우리가 원칙적으로 반대하는 일들을 하려고 그들의 권위를 이용한다. 하지만 우리가 그렇게 할 때는 모른 척해도 괜찮다. 공화당이 필리버스터가 유용한 것이라고 생각하면, 민주당은 그 절차가 터무니없이 불법적이라고 주장한다. 민주당이 필리버스터를 하면, 공화당은 자신들은 원칙적으로 필리버스터에 반대한다고 주장한다. 그래서 실제로는 어느 정당도 필리버스터에 *원칙적*으로 반대하지는 않는다. 그들은 그들이기 때문에 그들의 정당이 권위를 이용하는 것은 부정한 것이다.

선동은 때때로 "전통적인" 권위에 호소하거나 전통적인 방식으로 보이는 것들에서부터 권위를 끌어낸다. 그러나 연애 결혼, 인종의 개념, 자유 시장에 관한 논쟁들에서 볼 수 있듯이, 소위 전통적인 가치나 관행들은 종종 매우 최근에 생겨난 것이다. "전통"이라는 말은 "내가 자라온 방식"의 다른 표현일 수 있다.

"내가 전통적이라고 생각하는 것"을 "긴 역사를 지닌 것"과 등치시키는 것은 선동이 "보편화된 향수"에 의존하는 방식 중 하나다. 선동가들이 "원래" 어떻게 되어 왔는지와 "기존"에 그렇게 해왔었던 방식으로 돌아갈 필요에 대해서 이야기할 때 "원래"와 "기존"은 내집단의 시초를 신화화한 것이다.

결혼에 관한 논쟁의 경우, 연애 결혼(낭만적 사랑에 기반한 두 개인 간의 결혼)은 매우 최근에 발명된 제도지만 아주 예전부터 있었던 전통으로 간주되고, 문제적 결혼의 비율이 꽤 높았던 시기(1950년대)는 황금빛으로 그려진다. 그들의 역사의 정확성에 대해서 경험적 근거를 기반으로 문제를 제기하면 이에 대해서 경험적 근거로 답변을 해야 하지만, 선동에 경도된 사람들은 다음의 세 가지 방식 중 하나로 반응할 것이다. 개인적 확신에 근거한 주장, 논리로서의 정체성, 혹은 연역적 추론이 그것이다.

예를 들어 내가 "다람쥐들은 빨간색 공을 가지려고 애쓰는 중입니다"라고 말하자 당신이 "그걸 어떻게 압니까"라고 묻는다면 나는 연구결과나, 다람쥐가 직접 밝힌 입장이나, 다람쥐 전문가의 의견을 인용해서 대답할 것이다. 아니면 "내가 확신하기 때문"이라고 말할지도 모르는데 이게 바로 **개인적 확신에 근거한 주장**이다. 당신에게 무언가를 믿으라고 하면서 내 확신을 증거로 제시하고 있기 때문이다. 당신에게 나를 믿으라고 요구하는 것 자체가 반드시 오류는 아니다. 만약에 내가 다람쥐거나, 다람쥐 전문가거나, 다람쥐 회의에 많이 참석했다면, 당신에게 내 지적 권위를 수용하라고 요구하는 것이 된다. 구체적인 전문적 지식을 주장의 근거로 제시하고 있는 것이다. 하지만 내가 전문가도 아니고 관련된 어떤 것도 한 적이 없다면? 전문적 지식이 아니라 내 개인적 확신을 마치 충분한 증거라도 되는 것처럼 제시한 것이 된다. 이는 나 스스로를 순전히 내 정체성에 기반해서 *아는 자*라고 제시한 셈이다.

이제 다시 *우리*로 돌아가 보자. 내집단 소속이 곧 옳다는 생각, 혹은 **논리로서의 정체성** 말이다. 선동의 가장 복잡한 측면은 아마도 정체성이 작동하는 방식일 것이다. 선동의 중심이 되는 가정이자 선동이 하는 가장 매력적인 약속은 사람을 분류하는 현재의 방식(젠더, 인종, 민족, 종교 등)이 우주의 섭리에 따라 정해진 것이라는 관념이다. 그 분류들은 위계이고 위계여야만 한다. 어떤 사람들은 어떤 행동을 하는지와 무관하게 특정한 정체성을 가졌다는 이유만으로 더 좋은 사람이고 그렇기 때문에 다른 사람들보다 더 좋은 것을 가질 자격이 있다. 그러므로 역설적으로 내집단 구성원들은 태생적으로 "좋은" 사람이라는 우위 덕분에 더 낮은 윤리 기준을 적용받게 되고 외집단 구성원들보다 더 나쁘게 행동할 수 있다.

정체성이나 확신에 근거한 주장이 항상 선동적인 것은 아니다. 가끔은 "이 문제에 관해서는 그냥 나를 믿어봐"라고 말할 필요도 있다. 하지만 이는 반박하기 어렵다는 점에서 문제가 있다. 만약 누군가가 "나는 이게 진실이라고 확신하고, 이 확신이 너에게 제시할 수 있는 유일한 증거야"라고 말한다면, 우리는 논증의 영역에 있는 것이 아니다. 그렇게 해서 흥미롭고 지속할 가치가 있는 좋은 대화로 이어질지는 모르지만, 이때 우리는 민주적 숙의와는 전혀 다른 종류의, 이를테면 일상적인 대화를 하고 있는 것이다. 만약 누군가가 다른 의견에 동의하지 않는 방식이 *항상* 이렇다면 분명 문제고, 이는 곧 선동이 된다.

선동가들이 거짓말쟁이라는 것은 뻔한 얘기지만, 선동은 정직함과 복잡한 관계를 갖고 있다. 선동은 일반적으로 확실성, 정확성, 진실성, 진본성authenticity, 객관성, 그리고 "팩트" 같은 말들을 들먹

인다. 내 생각에 선동에 관여하는 사람들은 일반적으로 완벽하게 진심이고 아마도 자신들이 거짓말을 한다고 느끼지 않을 것이다. 선동은 사람들이 진본성, 진정성, 신뢰성, 진실성을 혼동할 때 가장 효과적이지만 이것들은 전부 똑같지 않다. 사람은 거짓말을 하면서도 완벽하게 진심일 수 있고, 진정성 있게 부정확한 것을 말할 수 있다. 물론 진정성 있는 사람이라 해도 계속 정보를 오해하기만 하면 신뢰할 수 없다.

정책 논쟁을 할 때 선동은 반증 가능한 연구나 다양한 관점의 학술 저작물을 근거로 주장하기 보다는 일반적으로 중요한 내집단 가치로부터 **연역**을 한다. 예를 들어 미국의 노예제 옹호 연설가들은 이미 노예가 해방된 주에서 그런 일이 일어나지 않았는데도 노예해방은 틀림없이 인종 간의 전쟁을 일으킬 것이라고 주장했다. 나는 한때 어떤 기독교인과 이상한 논쟁을 한 적이 있다. 그는 모든 인간은 신의 형상으로 만들어졌다고 믿는 종교는 *틀림없이* 모든 인간을 보다 평등하게 대할 것이기 때문에 다른 어떤 종교보다도 기독교가 노예제에 대해 더 나은 역사를 가지고 있다고 줄기차게 주장했다. 나는 노예제를 홍보하는 남북전쟁 이전의 많은 설교들을 기록한 웹사이트를 포함해 기독교와 노예제 사이의 강한 연관성을 보여주는 상당한 양의 증거가 있다고 지적했지만 그는 동요하지 않았다. 그는 기독교 문화는 반드시 다른 종교보다 더 좋게 행동한다는 전제로부터 연역한 "사실"을 지지하려고 실제의 역사적인 기록을 거부했다.[6]

이건 단지 나쁜 주장 같아 보일 수 있지만, 그는 내집단 정체성에 중심이 되는 전제들로부터 추론하는 것을 논쟁의 방법으로 여기기 때문에 그에게는 나쁜 것으로 보이지 않았다. 나는 이와 비슷한 논쟁을 시장이 비합리적으로 굴러가는 사례들은 해맑게 무시하면서 시장은 합리적이기 때문에 자유 시장으로 전환하려는 결정은 잘 작동할 것이 *틀림없다*고 주장하는 사람과도 했던 적이 있다. "자연적" 건강 치료에 대한 주장은 "자연적"인 것은 항상 반드시 더 낫다는 전제에서 도출되는 반증 불가능한 논증의 구조라는 점에서 이와 똑같다고 볼 수 있다. 어떤 사람에 대해 그는 인종주의자가 아니기 때문에 인종차별적인 행위를 했을 리가 없다고 주장하는 것도 비슷한 연역적 주장이다. 연역적 주장이 반드시 나쁜 것은 아니지만(연역적 주장은 나쁘다는 전제에서 내 주장을 연역하고 있는 것이 아니다), 모든 반례들을 거부할 수 있는 방식으로 사용할 때는 문제가 된다. 이런 종류의 연역적 추론은 논쟁에 참여하는 방식이 아니라 내집단에 대한 충성심을 과시하는 방식일 뿐이다.

선동을 연구한 많은 학자들은 선동이 희생양 만들기와 투사에 의존한다는 점에 주목한다. 선동은 공동체 전체의 문제에 대해서 특정한 그들을 희생양으로 삼는데, 문제에 대한 그 집단의 책임이 전혀 없거나, 단지 부분적으로만 (아마도 내집단보다는 더 적은) 있는 경우일 수도 있다. 예를 들어 히틀러는 독일의 제1차 세계대전 패배에 대해 전혀 책임이 없는 "유대인"을 희생양으로 삼았고, 제2차 세계대전 발발에 대해 영국과 프랑스를 희생양으로 삼았다. 물론 독일이 계속해서 다른 나라들을 정복하도록 영국과 프랑스가 내버려 두기로 결정했다면 전쟁이 일어나지 않았겠지만, 주된 책임은 히틀러에게 있었다. 희생양 만들기는 자신이 하고 있는 일에 대해 다른 누군가를 비난하는 투사와 밀접한 관련이 있다. 이 단계는 희생양 만들기(즉, 내집단의 문제에 대해서 다른 집단에게 책임을 지우는 것)를 위해 절대적으로 필요하다. 투사에는 다양한 형태가 있지만, 여기서는 그중 두 가지, '위등가의 오류'와 '교활한 투사'가 중요하다.

선동은 이분법에 의존하고 그것을 강화하기 때문에, 행동은 좋거나 나쁘거나 둘 중 하나일 뿐 그 사이에 존재할 수 없다. 그러므로 강아지를 걷어차는 것은 나쁘고 강아지를 쓰다듬어 주지 않는 것도 나쁘기 때문에, 우리는 *우리* 후보가 매일 강아지를 걷어찬다는 비난은 그들*의* 후보가 한번도 강아지를 쓰다듬어 주지 않았다는 비난에 근거해 기각될 수 있다고 주장할지도 (심지어 진정으로 믿을지도) 모른다. (이것은 '피장파장의 오류'라고도 불린다. 두 가지 서로 다른 사안을 같은 것처럼 다룬다는 점에서 '위등가의 오류'기도 하다.)

내집단이 하는 것과 똑같은 일을 외집단이 한다고 비판하는 것은 원인과 결과를 이해하기 어렵게 만들어서 구경꾼들의 주의를 효과적으로 분산시킨다. 예를 들어 선동가가 외집단의 자기방어를 내집단의 공격적인 폭력행위만큼 "똑같이 나쁘다"고 비난하면, 구경꾼들은 누가 가해자인지 그리고 어떤 종류의 폭력이 얼마나 심했고 누가 가담했는지 등 내집단에서 밝힐 리가 없는 세부사항까지 충분히 알아보고 싶은 궁금증을 느낀다. 그러나 구경꾼들은 문제에 그렇게까지 깊이 파고들고 싶지 않기 때문에 어느 편이 더 호감인지를 기준으로 결정을 내리기 쉽다. 투사는 일반적인 인간의 행동 경향이지만, 청중이 연설가의 단점에 집중하지 못하게 하거나 그들이 얼마나 나쁜지에 대해서만 계속 관심을 가지게 함으로써 전략적으로 유리해진다면 '교활한 투사'라 할 수 있다.

교활한 투사가 가장 효과적으로 발현하면 선동가는 본인이 한 일과는 비교도 되지 않는 수준의 일을 벌였다는 이유로 어떤 집단을 비난할 수 있게 된다(심리학자 고든 올포트Gordon Allport는 이를 "모트빔mote-beam" 투사라고 부르는데, 같은 일을 당신이 훨씬 더 심하게 했을 때도 그 일을 한 다른 누군가를 비난하는 것을 말한다). 이때 선동가가 목적을 달성하지 못하더라도 구경꾼들은 양쪽 모두를 혐오하기 쉽기 때문에, 교활한 투사는 일반적으로 내집단이 자기 정책을 지속할 수 있을 정도로 충분히 물을 흐리는 역할을 한다.

매우 호감 있는 인물이 외집단의 행태를 비난하면, 구경꾼들은 이 사람은 지금 본인이 비난하고 있는 행동은 절대로 하지 않을 것이라고 생각하기 쉽다. 그가 옹호하는 가치를 듣기만 해도 그 사람이 믿는 것이 무엇이고 어떤 행동을 할지 안다고 생각하는 ("좋은" 사람, 즉 옳은 말을 하는 사람은 "나쁜" 일은 하지 않는다고 믿는) 사람들에게는 이런 식의 조종이 특히 효과적이다. 이렇게 연설가의 정체성에 초점을 맞추는 것은 *카리스마적 리더십* 상황에서 더욱 강화된다.

카리스마적 리더십의 사회학적 이해는 경영학에서 같은 용어가 영감을 북돋아 줌으로써 조직의 비전에 대해 더 높은 수준의 헌신을 끌어내는 지도자라는 매우 다른 의미로 사용되면서 혼탁해졌다. 독일의 사회학자 막스 베버Max Weber는 지도자의 권력의 세 가지 원천을 전통적 권위, 법적 권위, 카리스마적 권위라고 설명했다. 전통적 지도자는 그를 따르는 전통이 있기 때문에 사람들이 순응한다. 그 권력은 전통이 무엇이고 사람들이 전통을 얼마나 열정적으로 따르는지에 따라 제한된다. 법적 권위는 명백하게 지도자가 할 수 있는 것과 할 수 없는 것을 규정하는 법으로부터 나오며, 이때 지도자는 구체적인 강제력을 갖게 된다. 베버에 따르면 카리스마적 권위가 가장 불안정하다. 이 권위는 사람들이 지도자가 거의 초자연적인 권력을 가지고 있거나 초자연적 권력이 그를 지도자로 선택했다고 믿기 때문에 지도자에게 권력을 넘겨주는 상황에서 작동한다.

앤 루스 윌너Ann Ruth Willner가 말했듯이, 카리스마적 권위는 "특정한 인물이 권위를 정당화하기 위해 사람들로부터 자기 자신에 대한 믿음을 불러일으키고 유지시킬 수 있는 능력"에서 도출된다."[7] 윌너에 따르면 카리스마적 리더십 관계는 네 가지 특징을 갖는다.

1. 추종자들은 지도자를 왠지 초인으로 인식한다.
2. 추종자들은 지도자의 말을 맹목적으로 믿는다.
3. 추종자들은 지도자의 행동 지침에 무조건 순응한다.
4. 추종자들은 지도자에게 전폭적으로 감정적인 헌신을 한다.[8]

카리스마적 리더십은 더 큰 것의 일부가 되고자 하는 우리의 욕망을 만족시켜 준다. 그리고 역설적으로 모든 권력을 우리 자신의 최선의 버전이라고 생각하는 다른 사람에게 넘겨줌으로써 스스로 더 강해졌다고 믿는다. "대리에 의한 주체성agency by proxy"을 획득한다고 느끼는 것이다. 이렇게 우리는 모든 결정의 책임을 지도자에게 떠넘겨 버린다. 나치즘을 연구한 에리히 프롬Erich Fromm은 이를 "자유로부터의 도피"라고 불렀다. 카리스마적 리더십 관계에 있을 때, 자기가치에 대한 인식은 지도자의 정체성에 결부된다. 그래서 지도자에 대한 비난을 자신에 대한 비난처럼 받아들이고, 지도자의 흠결이나 오류를 자신의 것과 마찬가지로 인정하기 어려워한다. 지도자를 곧 자신으로 보고 자신을 좋은 사람으로 보기 때문에 지도자가 나쁜 행동을 했다는 것을 믿을 수 없는 것이다. 히틀러의 건축가이자 인테리어 디자이너였던 게르디 트루스트Gerdy Troost는 히틀러가 홀로코스트에 대해서 알고 있었다는 것을 믿지 않으려는 이유를 이렇게 설명했다. "그렇게 친절하고, 강아지를 아끼고, 아이를 사랑스럽게 바라보고, 예술품 앞에 서서 감동에 가득 차 생각에 잠기는, 그런 사람이 어떻게 살인자일 수 있죠? [...] 상상조차 할 수 없는 일이에요."[9]

직관에 반할지 모르지만 지도자가 기이하게 행동하거나, 비합리적으로 보이는 주장을 하거나, 정보가 별로 없는데, (특히 전문가의 조언이 없는데) 빠르게 상황 판단을 하거나, (특히 자신의 성취 그리고 이상하게도 자신의 건강에 대해서) 과장된 주장을 하면 카리스마적 리더십 관계는 *강화된다*. 추종자들은 앞서 설명한 것처럼 카리스마적 지도자가 자신이 한 말에 대해 정확성을 기하거나, 논리적 함의나 결과에 대해 인정하는 방식으로 책임을 지거나, 책임감 있게 행동할 것이라고 기대하지 않는다. *무책임한* 행동은 지도자가 가진 권력의 일부다. 그가 과장된 표현을 쓰고 여과되지 않은 말을 하더라도 내집단에 대해 열정적으로 헌신하는 것으로 간주된다.

선동은 카리스마적 리더십을 선호하기에 선동이 문화적으로 흔해지면 그 문화의 모든 정치인들이 다양한 종류의 카리스마적 리더십 역할을 수행하는 것(전통적으로 선동가라고 여겨지는 부류의 사람이 되는 것)은 단지 시간문제일 뿐이다. 그러므로 시간이 충분히 주어지기만 하면, 선동이 선동가의 부상으로 이어지는 것을 피할 수 없다.

선동의 또 다른 눈에 띄는 특징은 피해자화 레토릭을 많이 사용한다는 점이다. *우리*는 종종 외집단과 똑같이 취급받아서 피해를 입고 있지만 지금까지 비상한 인내심과 친절함으로 대응해 왔다고 생각한다. 이는 일종의 정치적 나르시즘이다. 이들이 실제로 외집단의 권리를 박탈하고 폭력을 행사했다 해도 그런 행동조차 인내심과 친절함으로 포장된다. 왜냐하면 이들은 그보다 더 나쁜 짓도 할 수 있었기 때문이다.

예를 들어 인종분리정책을 옹호하는 사람들은 따르고 싶지 않은 법률에 복종하도록 강요당하고 있기 때문에 “마르크스주의자”로 가득한 연방대법원에 의해 자신들이 피해를 받고 있다고 주장했다. 인종분리정책 자체가 다른 인종의 권리를 박탈하고 제정하지 않은 법에 복종하도록 강요하는 것이었는데 말이다. 동성애 혐오 선동은 원하지 않는 성적 접촉으로 내집단이 피해를 입을 가능성을 암시한다. 이는 원칙적으로 동의 없는 성적 접촉에 반대하기 때문이 아니라 (같은 연설가가 성희롱을 금지하자는 정책에는 반대하는 경우가 드물지 않다) 본인이 동성애자의 성적인 접근 *대상*이 되는 것에 반대하기 때문이다.

결과적으로 선동은 두려워하는 것처럼 보이지 않으면서 두려움을 관리하는 방법을 찾아야만 한다. 두려우면 생각하고 숙의하게 된다고 다소 당황스러운 추정을 하기 때문이다. 그러나 두렵지 않은 것처럼 보이면서 두려움을 관리하는 것은 거의 불가능하므로, 선동을 소비하는 사람들은 내집단이 두려운지 아닌지에 관해 인지부조화를 자주 경험한다. 이런 부조화를 관리하려고 선동가들은 극단적인 상황에 직면했을 때 비범한 용기를 내야 한다고 주장하고, 종말론적인 예언을 하면서 차분하고 합리적인 것처럼 보이려 한다. 일례로 버락 오바마Barack Obama 대통령이 취임식 다음날 집집마다 방문해 총기를 몰수할 것이라는 주장처럼 (솔직히 이런 선동에는 실소가 터지긴 한다) 명백하게 과장된 주장이 합리적이라고 이상한 고집을 부린다.

위험 요소를 의도적으로 과장해 불필요한 두려움을 일으키는 위협 전술은 내집단이 절멸의 위험에 처해 있다고 인식할 때만 성공할 수 있다. 하지만 그러면서도 선동의 수사는 보통 우리의 승리가 예정되어 있다고 주장한다. 이런 예정설은 앞서 언급한 우리가 절멸의 위기에 처해 있다는 주장과 모순된다. 우리의 승리가 예정되어 있다면 우리가 정말 위험한 것은 아니다. 선동에는 일종의 *오락가락하는 결정*론이 존재한다. 승리는 보장되어 있다. *그리고* 우리는 절멸할지도 모른다. 내집단이 절멸의 위험에 처해있다는 것은 외집단에 대한 절멸 정책을 합리화하는 데 사용된다. 우리는 (그들*이* 시작한) 전쟁 상태에 있기 때문에 "내가 대접받고 싶은 대로 그들을 대하"면 안 된다. 선동은 공정성을 자살을 시도하는 것과 마찬가지라고 폄하하거나 "공정성"을 내집단이 더 많이 가져야 한다는 뜻으로 새롭게 정의한다. 즉, "공정한" 상황은 모든 사람(내집단과 외집단)이 똑같은 법적, 윤리적, 레토릭적인 기준을 지켜야 한다는 의미 대신에, 내집단은 본질적으로 좋은 사람들이기 때문에 다른 기준을 따라도 된다는 의미가 된다. 앞서 언급했던 같은 행동을 다르게 설명하는 전략(우리는 검소하고 그들은 구두쇠다, 우리는 말실수를 했지만 그들은 거짓말을 했다)에 따라 스스로가 더 낮은 기준에 맞춰 행동하고 있다는 사실은 대체로 인지하지 못한다.

마지막으로 선동이 정책 논쟁을 정체성 이슈로 대체하는 방식은 선동으로 연명하는 공동체에서 "진본성"이 하는 이상한 역할을 설명한다. 이런 공동체에서 세상사는 복잡하고, 쉬운 해결책은 없으며, 우리도 실수할 때가 있고, 모든 선택지의 미묘한 차이를 천천히 인식하면서 포용적으로 생각해 보자고 말하는 지도자는 형편없는 선택지로 보인다. 대신에 모든 것이 명백하고 명확하며 우리가 지금 무엇을 해야 하는지 정확히 알고 있다고 말하는 사람들의 목소리는 들어야 할 것처럼 여겨진다. 왜냐하면 이런 상황에서 우리는 세부사항에 대해서 신경 쓰는 사람을 원하지 않고, 그 사람들이 세부사항을 잘못 이해하고 있더라도 신경 쓰지 않기 때문이다. 우리는 좋고 그들은 나쁘다는 큰 그림을 제대로 가지고 있는 것이 중요하고, 그것이 우리가 필요로 하는 "진실"의 전부다. 우리는 *진짜*로 우리 같은 사람, 우리에게 열정적으로 충성하는 사람을 필요로 한다. 그리고 충성심을 증명하는 한 가지 방법은 완전히 과장되고 어처구니없는 말을 하는 것이다. 이때 정확하게 필요한 사람은 명백하게 거짓인 터무니없는 말을 하지만 *정말*로 우리 같은 사람이다.

이렇게 선동이 모든 이슈를 "우리"와 "그들"로 환원하는 경향에 대해 이야기해 보았다. 하지만 여기에서 다수의 "외집단들"이 있을지도 모른다는 점을 명확히 하고 싶다. 선동이 최고조에 달했을 때도 선동은 두 종류의 외집단을 상정한다. 그중 하나는 교활하고 의도가 완전히 악랄하다. 나머지 하나는 동물적이고 멍청하며 추종하는 경향이 있고, 아마도 교활한 악당에게 속아 넘어가기도 하지만 순진하게 복종할 수는 있다. 선동은 *첫 번째 종류의 그들*에게는 해충, 질병, 오염, 퀴어(즉 관습에 거스르는 행동), 괴물(여성 권위자, 자유주의적 기독교인, 혹은 이라크 침공에 반대하는 공화당원처럼 별개로 추정되는 두 가지 분류를 결합한 존재들이라는 의미에서 "혼종"이라고 부르기도 한다), 장애, 음란함과 같은 통제 부족, 행동이 따르지 않는 생각, 여성성, 악마적 소유와 같은 이미지를 과도하게 연결한다. *두 번째 종류의 그들*에게는 머뭇거림, 망설임, 손상된 남성성, 약함의 이미지를 관련짓는다. 그리고 *우리*에게는 순수함, 발기(축 늘어진 반대에 직면하는 단단함을 상상해 보라), 남성성, 질서, 행동, 결단력, 통제와 같은 이미지를 연관시킨다.

5.
선동의 사례

1942년 봄, 미국인들은 상당히 불확실하고 불안한 상황에 직면해 있었다. 태평양 전선의 전황이 좋지 않았고, 일본은 예상보다 더 선전하고 있었다. 공식적인 보고서들은 사보타주가 아니라 미군 측의 잘못된 결정과 오류들 때문에 일본의 진주만 공격이 가능했다고 명확하게 밝히고 있다. 실수한 것은 *우리*였다. 불안의 한복판에서 그리고 반일본 선동이 수년째 지속된 상황에서, 미국과 전쟁 중인 국가의 시민이지만 현재 미국에 살고 있는 사람들을 어떻게 해야 하는지에 대한 질문이 제기되었다. 그리고 이 질문은 미국 시민이든 아니든 일본계 혈통을 가진 사람들을 어떻게 해야 하냐는 질문으로 미묘하게 바뀌었다.

이 불확실성 속에서 캘리포니아 주 의원 존 톨런John Tolan은 미국에 살고 있는 독일, 이탈리아, 일본 시민들을 어떻게 해야 할지에 관한 일련의 공청회를 열었다. 얼 워런은 당시 캘리포니아 주의 검찰총장이었고, "일본인"(그는 이 용어를 제대로 정의한 바 없다)은 사실 태생적으로 위험하며 사보타주할 음모를 꾸미고 있다고 증언했다.

워런의 주장은 선동의 전형적인 특징을 모두 갖고 있었다. 그는 청중들이 침략이나 공격으로부터 안전하다고 느끼게 만들었고, 그의 주장이 확실하다고 제시했고, 군사적 안보불안이나 두려움이라고 모호하게 정의된 국가의 모든 문제가 "일본인" 탓이라고 했고, 그에게 동의하지 않는 전문가들의 의견을 들으며 공청회에 빠짐없이 참석하는 것과 같은 레토릭적 책임을 기피했다. 그는 "일본인"과 "미국인" 사이의 이분법을 가정했는데, 사실 공청회는 이 이분법을 무너뜨리는 정체성인 일본계 혈통의 미국 시민에 대해 논하고 있었다. 그의 증언의 대부분은 "일본인"은 본질적이고 바뀌지도 않는 나쁜 동기를 가지고 있어서 태생적으로 충성스럽지 못하다는 것을 추측성으로 보여주는 조잡한 증거에 불과했다.

그의 주된 주장은 "일본인"이 "캘리포니아와 미국에 재앙을 의미하는" 수준과 종류의 사보타주에 관여하려고 한다는 것이었다.[10] 그는 네 가지 방법으로 이 주장을 뒷받침하려고 했다. 첫째, 많은 경찰과 다양한 부처의 평화유지공무원들에게 그들이 생각하기에 일본인은 신뢰할 만한지 질문했고, 그들의 의견이 마치 명백한 증거가 될 수 있는 것처럼 반복해서 언급했다. 둘째, 일본계 혈통을 가진 사람들이 공장, 항만, 수력발전소, 철도, 고속도로, 송전로, 라디오 방송국 등 사보타주당할 가능성이 있는 지역 근처에 토지를 소유하고 있다는 사실을 보여주는 지도를 제시했다. 이탈리아인과 독일인에 대해서는 그런 지도를 만들지 않았기 때문에 공정성 규칙을 어겼고, 어떤 증거도 없이 그런 토지 소유에는 나쁜 동기가 있을 것이라고 가정했기 때문에 동기주의에 매몰된 분석이었다. 셋째, 이탈리아인과 독일인은 자국민에 대해서 정보를 제공하는 데 반해, "일본인"은 다른 일본인에 대해 절대 정보를 제공하지 않는다고 들었다고 말했다. 이 주장은 전혀 조사된 바 없는, 검증되지 않은 개인적 신념에 근거한 주장이었다. 넷째, 일본의 진주만 공격이 사보타주로 인해 성공했다는, 사실과 다른 주장을 하는 동시에 그간 캘리포니아에서 사보타주가 없었던 것은 사보타주가 임박했다는 증거라고 주장했다. 그는 "보이지 않는 마감시한"이 있다고도 말했다.[11]

이는 그의 주장 전체를 반증할 수 없는 것으로 만드는 논증이었다.

워런의 지도는 일본계 혈통인 사람들이 다른 모든 사람들이 그러하듯이 도로, 항만, 수원 근처에 토지를 소유하고 있다는 것을 보여준다. 문명 사회에서 사회기반시설 근처에 토지를 소유한 것이 사악함의 증거가 된다면, 우리 모두는 악당일 것이다. 하지만 워런이 주장하려던 것은 이게 아니다. 그는 일본인이 사악하다는 증거를 찾고 있었기 때문에 그의 "증거"는 오직 *일본인*의 사악함만을 가리켰다. 워런은 스스로에게 일본인들이 결백하다면 그들의 토지 소유가 어떻게 보일지 묻는 대신, 자신이 옳다면 어떻게 보일지를 물었다. 그 결과 그에게 일본인들의 토지 소유는 정확히 그가 믿는 대로 보였다. 그의 주장은 반증할 수 없는 것이었다.

즉 그는 철도, 항만, 수원, 전선 등 인프라와 가까운 지역은 인구 밀도가 더 높다는 사실을 보여준 것이다. 아리스토텔레스Aristotle는 정치적 논쟁에서 우리가 삼단논법에서 전제를 생략한 "약식 삼단논법enthymeme"에 의존하는 경향이 있다는 점을 지적했다. 워런의 약식 삼단 논법은 다음과 같다. "중요한 장소 근처에 토지를 소유하기 때문에 일본인은 사악하다." 이 논법에는 학자들이 "대전제"라고 부르는 부분이 숨겨져 있다. 여기서 대전제는 바로 '중요한 장소 근처에 토지를 소유하는 것은 사악하다'이다.[12] 당연히 워런은 이런 터무니없는 전제를 믿지 않았다. 그는 이 전제가 전선 근처에 토지를 소유한 모든 사람을 감금하는 데 쓰일 만한 좋은 주장이라고 생각하지 않았을 것이다. 워런은 자신의 주장을 반증할 증거를 찾아야 했지만, 그저 자신의 주장을 지지할 증거만 찾으러 다녔다.

생산적인 민주적 숙의가 되려면 전제를 포함한 자신의 주장에 대해 책임질 필요가 있다고 앞서 언급한 바 있다. 워런의 이 나쁜 약식 삼단 논법은 그 규칙이 왜 중요한지를 예증한다. 그의 주장은 오직 그가 전제인 '중요한 장소 근처에 토지를 소유하는 것은 사악한 의도의 증거가 된다'를 믿을 때만 논리적인 것이 되는데, 그는 그것을 믿지 않았다.

또 다른 무책임한 논쟁의 종류로는 "이래도 문제 저래도 문제"라는 덫이 있다. 워런은 "일본인"은 서로에 대해 정보를 제공하지 않는다는 말을 들었다고 주장하면서 이를 문제되는 증거로 택했다. 톨런은 강제수용에 반대하는 입장에서 증언한 목격자들에게 이 주장에 대해 질문했고, 그중 한 명은 이 주장은 사실이 아니며 일본인들은 의심스러운 행동이 보이면 보고했다고 답했다. 그러자 의원 중 한 명이 "그러면 일본인 스파이가 있다는 겁니까?"라고 질문했다. 그러니까 정보를 제공해도 문제인 것이다. 사보타주가 있었다면 "일본인"이 제기하는 위협의 증거가 됐을 것이지만, 워런에 따르면 사보타주가 없는 것도 위협의 증거가 된다.[13] 강제수용에 찬성하는 입장을 밝혔던 사람들은 "일본인"은 태생적으로 반역자 기질이 있다는 주장을 지지했는데, 이러한 주장은 발생할 수 있는 모든 사태를 설명할 수 있기에 반증될 수 없는 여러 주장들 중 하나였다. 선동은 이런 식으로 작동한다.

그리고 토지 소유 관련 주장과 마찬가지로 일본인의 정보 제공과 사보타주 여부에 관한 워런의 주장은 미국 내 독일인을 위협의 증거로 보는 데는 사용되지 않았다. 워런은 유럽에서 독일인의 사보타주가 나치의 성공을 상당히 뒷받침했다고 믿었는데도 말이다. "일본인"은 다르게 취급해야 한다고 주장하는 사람들과 워런은 독일인이나 이탈리아인에 대해서는 생각이 다른 여러 부류로 구별하고 다양한 집단으로 구성되어 있다고 인지했다. 반대로 "일본인"은 모두 본질적으로 동일하고 "집단적 사고hive mind"를 하기 쉽다고 인식했다.

워런은 청문회 동안 반박당했지만 반박을 듣기 위해 청문회장에 계속 머무르지 않았다는 점에 주목할 필요가 있다. 한 노르웨이 전문가는 사보타주가 나치의 성공에 영향을 끼쳤다는 관념은 신화라고 지적했다. 어떤 사람은 진주만에서 사보타주가 없었다고 언급했고, 사보타주가 없다는 것이 사보타주를 계획했다는 증거라는 워런의 주장에 대해 "논리적이지 않다"고 말한 사람도 있었다. 워런은 자신의 의견에 동의하는 경찰관들의 말은 들었지만, 동의하지 않는 사람들과는 대화하려고 하지 않았다.

나중에 워런은 강제수용에 찬성하는 활동을 한 것을 후회했다. 미국 정부 역시 그러했고, 결국 공식적으로 사과했다. 워런은 자서전에서 강제수용을 지지했던 것에 대해 깊은 후회를 표했고 "가정, 학교 친구들, 친숙한 주변환경으로부터 강제로 분리된 죄 없는 어린 아이들을 생각할 때마다 양심의 가책을 느낀다"고 말했다.[14] 문제는 왜 1942년에는 이 아이들에 대해서 생각하지 못했냐는 것이다. 그가 1942년에 일본인의 관점에서 상황을 상상해 보았다면, 그 아이들에 대해서, 그 결정이 아이들에게 어떤 의미일지에 대해서 생각했을 것이다. 또한 왜 사람들이 그 자리에 토지를 구매했는지에 대해서 생각했다면, 훨씬 더 순수한 답변을 도출했을 것이다. 자신이 제시한 증거가 독일인이나 이탈리아인에게도 마찬가지로 설득력이 있는지를 자문해 보았다면, 또한 도대체 어떤 증거가 자신의 주장을 틀렸다고 증명할 수 있는지를 자문해 보았다면, 나중에 가서 양심의 가책을 느끼지 않아도 됐을 것이다. 이 모든 질문들은 당시에 다른 위원들도 제기했던 것이었지만, 그때 그는 그들의 말을 듣지 않았다. 선동에서 벗어나려면 더 많이 생각하고, 감정에 덜 휘둘리고, 데이터를 찾는 만큼이나 사안을 다른 관점에서 보고, 스스로 틀릴 수 있다고 생각하고, 다른 사람의 이야기를 듣는 노력이 필요하다.

내가 *상대편*이라고 상상하고 공감적 상상으로 "우리"와 "그들"의 이분법을 초월했을 때, 워런은 자신의 입장에 문제가 있다는 것을 깨달았다. 워런의 사례는 선동가가 좋은 사람 대 나쁜 사람의 문제(워런 역시 대부분의 사람들처럼 살면서 좋은 일도 하고 나쁜 일도 했다)가 아니라는 것을 보여준다. 뿐만 아니라 워런의 강제수용에 대한 지지와 후회는 선동의 패러데이 상자[15]를 열 수 있는 최선의 방법이 감정에서 자유로운 초합리주의를 추구하는 것이 아니라, 선동에 의해 타자로 규정당한 사람들에게 공감하고 그들의 입장에서 상상하는 것임을 보여준다.

6.
선동이 문화가 되는 과정

선동은 정치를 비정치화한다. 정책에 대해 논쟁할 필요가 없다거나, *우리편*에 대한 새로운 수준의 헌신을 불러일으키고 그들을 배제하여 공동체나 국가를 정화할 수 있다고 주장한다는 점에서 그러하다. *우리*가 받고 싶은 것과 동일한 처우를 그들에게까지 해주는 것을 더이상은 용인할 수 없을 정도로 절박한 상황에 처해 있다고 말한다. 하지만 *시작부터* 외집단을 문자 그대로 절멸해야 한다고 선동하는 경우는 거의 없다.[16]

선동은 질병이나 전염병이 아니다. 연못의 조류(물속에 사는 광합성 생물)와 더 비슷하다. 조류는 무해할 수도 있고, 적은 양일 때는 심지어 도움이 되기도 한다. 하지만 조류가 연못의 다른 생명체와 연계되는 상황에 이르면, 조류는 오직 조류만 번성할 수 있는 환경을 만들어 내고 그러면서 점점 더 많은 조류가 모여들게 된다. 이와 같이 선동은 점점 더 많은 선동이 번성하는 환경을 만든다. 그러면 미디어 시장, 소비자, 유권자 등을 두고 경쟁하는 사람들에게 선동은 더 효과적인 레토릭 전략이 될 것이고, 더 많은 연설가들이 선동을 선택할 것이다.

연설가들은 관심, 구매, 표를 얻기 위해서 서로 더 선동가다워지려고 노력해야 한다.

나치가 부상했던 바이마르 독일은 다음과 같은 많은 문제가 있었다. 간헐적으로 높은 인플레이션, 높은 실업률, 인종주의적인 음모론을 퍼뜨리던 매우 파편화된 대부분의 미디어, 그리고 인종순수성에 대한 광적인 헌신을 미덕으로 삼고, 합의, 숙의, 논쟁이라는 정상적인 정치를 악마화하는 정당들로 인해 무력화된 정부 등. 이것들은 심각한 문제였고 그 어느 것도 자연스럽게 해결되지 않을 것 같았다. 일반적으로 제1차 세계대전은 민족주의, 군사주의, 소망적 사고의 결과라고 한다. 그러므로 독일의 문제들에도 다중적인 원인이 존재했다. 그러나 히틀러는 그 원인들에 대해서는 전혀 언급하지 않았다. 그는 분파주의, 민족주의, 군사주의, 소망적 사고를 줄인다거나 경제적인 해결책을 생각해 내지 않았다. 대신에 경제적인 문제를 포함해 독일의 모든 문제, 특히 전쟁 패배의 원인은 약한 의지와 외부인의 존재라는 두 가지 *진짜* 문제로 거슬러 올라갈 수 있다고 주장했다. 독일에는 *더 많은* 광적인 분파주의,

민족주의, 군사주의, 소망적 사고가 필요하고, 이는 그들을 제거하여 독일을 정화함으로써 달성할 수 있다고 말했다.

누가 그들인지에 대해서는 약간의 의견 차이가 있었지만, 독일의 문제들에 대해 오직 히틀러만이 그들을 탓한 것은 아니었다. 볼셰비키에게 그들은 자본주의자와 자유주의자였고, 파시스트에게는 (신기하게도 유대인과 호환 가능한) 볼셰비키와 자유주의자였다. 많은 기독교인들에게 문제는 유대인이었고, 다른 사람들에게는 노조 지도자였다. 집시는 흔히 타락한 범죄자로 규정되었다. 바이마르의 정치적 담론 지형에서는 의견 대립이 일반적이었지만, 어떤 나쁜 부류가 존재한다는 것이 바로 문제라는 점에 대해서는 거의 만장일치의 합의가 존재했다. 정책 논쟁에서 문제로 여겨지는 부분은 그들로 축약되었다. 히틀러가 이런 종류의 선동에 관여한 독일의 연설가 중 가장 유명한 사례일지는 모르지만, 그가 이 선동을 발명한 것은 아니다.

이런 종류의 레토릭은 사회학자 마이클 만Michael Mann이 인종, 계급, 이념에 근거한 대량 학살로 귀결될 수 있다고 규정한 과정의 첫 단계다. 나는 이 과정을 사다리를 오르는 것으로 상상한다. 왜냐하면 더 높은 단을 밟아 올라갈수록, 민주주의에 대한 위협뿐 아니라 물리적인 위해도 커지기 때문이다. 하지만 맨 윗 단에 도달한 공동체가 처음부터 대놓고 절멸주의적인 정치적 어젠다로 시작한 경우는 거의 없다는 것을 기억해야 한다. 그보다는 어떤 감염원 집단의 존재가 곧 "사회의 고질병"인 세계에서 시작한다. 그리고 이러한 시작은 말의 요술 지팡이를 휘두르는 레토릭 마술사 한 명 때문이 아니라 많은 사람이 그런 식으로 논쟁하기 때문에 일어난다. 바이마르 독일에 선동 문화가 없었다면, 히틀러는 의회를 길들이고 반대하는 언론을 구속하고 사법부를 방해하는 것은 고사하고, 애초에 권력을 잡지도 못했을 것이다.

그리고 이 사다리의 가장 아랫 단은 이미 다수의 집단들이 서로 관여하고 있을 수많은 "우리 대 그들"의 레토릭이다. 결국 바이마르 독일에서 오직 나치만이 반유대주의 아리안주의 민족주의 집단이었던 것은 아니다. 소련이 지원하는 공산주의자 집단(모든 공산주의자 집단이 소련의 지원을 받은 것은 아니다)도 비슷하게 우리 대 그들 사이에서 선택은 절대적으로 분명해야 한다고 말했고, 잘 알려져 있다시피 "자유주의적인" 혹은 "온건한" 집단들과의 어떠한 협력도 거부했다. 미국에서 인종분리정책이 시행되던 시절에, "백인" 대 "유색인"이 할 수 있는 일을 구분하는 법을 가지고 있었던 건 단지 남부만이 아니었다. 1960년대에는 급진적인 우익 집단 존 버치 협회John Birch Society가 그들보다 좌파인 모두를 "공산주의자"라고 부르는 동안, 급진적인 좌익 단체 웨더맨Weathermen은 그들보다 우파인 모두를 "파시스트"라고 불렀다. 오늘날 공화당은 누가 '이름만 공화당원RINO: Republican in Name Only'인지 아닌지에 대한 논쟁에 잠식되어 있고, 민주당 역시 단 한번도 그들에게 도움이 된 적이 없었던 종류의 순수성 전쟁에 뛰어들려는 태세를 보인다.

만약 모두가 선동이 나쁘다는 것에 동의한다면, 그리고 선동이 공동체를 제노사이드로 끝날 수도 있는 방향으로 밀어붙인다는 확실한 증거가 있다면, 어째서 모두는 선동에 관여하는 것일까? 우리는 왜 그 사다리를 오르는 것일까? 다양한 원인이 있겠지만, 특히 상당수의 유권자들이 선동으로 인해 이익을 얻는 편향된 출처에서 모든 정보를 얻을 때 그렇다. 또한 어떤 문화가 공적 담론을 무엇이라 여기는지도 똑같이 중요하다. 선동은 문화가 모든 정치적 논쟁을 1) 상대방을 깔아뭉개거나 입 다물게 만들어야 이기는 적대적인 경쟁, 2) 단순히 자기 관점을 표현하는 것, 3) 흥정이라는 세 가지 방식 중의 하나(혹은 이들의 어떤 조합)로 여길 때 번성한다. 즉 레토릭의 관점에서 선동은 공적 담론을 배타적으로 순응을 확보하고, 의견을 표현하고, 흥정하는 것으로 볼 때 나타나는 결과다.

순응을 확보하려는 상황에서 토론에 참여한 모든 사람들은 이기기 위해 필요한 것은 무엇이든지 말하려고 할 것이다. 이러한 공적 담론의 요점은 공동체의 문제에 대해 최선의 해결책을 찾는 것이 아니라 상대방을 누르고 이기는 것이다. 당신이 승리한 것은 당신에게 동의하는 사람이 더 많았기 때문일 수도 있고 당신이 반대하는 사람들을 침묵하도록 협박했기 때문일 수도 있다. 어떤 경우든 고려

대상에서 제외되는 레토릭 전략은 없다. 부정직, 위협, 오류, 그 밖의 다른 모든 것들도 당신 편의 성공을 가져올 수만 있다면 다 괜찮다. 레토릭의 힘은 무엇이든지 옳은 것으로 만들고, 목적(성공)은 수단을 정당화한다. 이런 세상에서 생각을 바꾸는 것은 그 자체로 손해이며, 어떤 대가를 감수하더라도 피해야 (혹은 부정해야) 한다.

선동은 표현적 공론장에서도 번성한다. 사람들이 다른 주장에는 관심을 보이지 않고 단지 자기 의견만 표현하는 그런 상황에서 말이다. 다른 사람이 하는 말에 동의하지 않는 것이 무례하다고 여겨지는 성인 대상 주일학교 같이, 친절함이 가치 있는 것으로 여겨지는 표현적 공론장이 있다. 또한 게임 내내 팬들이 서로 소리를 질러 대는 스포츠 경기처럼 표현적인 동시에 적대적인 경기장도 있다. 후자는 특히 선동에 우호적이다. 왜냐하면 그런 세계에서는 누구도 (증거와 믿을 만한 출처를 가지고) 실제적인 논쟁을 하거나 상대방의 주장을 공정하게 대변해 줄 것으로 기대하지 않기 때문이다. 상대편에서 들고 있는 '너희 팀은 구리다'는 포스터에 대해 정성을 들여 반박하는 표지판을 드는 것은 기이한 일이다. 만약 우리가 정치를 우리와 그들 사이의 제로섬 게임으로 간주한다면, 워런이 그의 실수를 인정할 수 있게 했던 공감적인 상상은 적극적으로 금지된다. 모두가 이기는 게임을 원하거나 유리한 오심에 불만을 가져서는 안 된다.

선동은 흥정하는 상황에서도 도움이 되지만 레토릭적인 반격을 받을 수 있다. 흥정하는 상황에서 권력은 더 크고 그럴듯한 위협(원하는 것을 얻지 못하면 *이것*을 할 것이다)을 제기하는 쪽에 있다. 특히 효과적인 권력의 위치는 열정적이고 무모하며 잠재적으로 폭력적인 군중을 거의 통제하지 않는 사람이 되는 것이다. 물론 그런 군중이 정말로 있을 때만 그럴듯한 위협이 된다. 그러므로 이 위협이 작동하게 하려면, 협상에서 원하는 것을 완전히 얻어 내지 못하면 절멸의 위험에 처하게 된다는 것을 근거로 군중들을 폭력을 쓰는 수준까지 선동해야만 한다. 흥정하는 상황에서 당신이 정말로 원하는 것을 얻어 내는 최선의 방법은 당신의 요구를 과장해서 말하는 것으로 시작된다. 그래서 필요 이상으로 과한 수준에 못 미치는 것은 절대로 수용할 수 없다고 하는 지점까지 핵심 지지층을 선동해야 한다.

그러면 우리편은 성공할 것이고 정말로 필요하다고 생각하는 것을 얻게 된다. 하지만 당신이 이전에 했던 주장이 결코 충분하지 않았다는 것을 수용하라고 핵심 지지층을 설득해야 하는데, 뭐라고 말할 것인가? 만약 이전에 타협은 자살이라고 주장했다면, 당신이 그들을 희생시키는 것처럼 보인다. 당신의 과장법이 레토릭적으로 교활하게 보인다면, 진정성이 없어 보일 수 있다. 이때 당신보다 더 많이 얻어 낼 수 있다고 약속하는 누군가가 핵심 지지층을 흡수하려고 할 것이기 때문에, 선동의 수준은 사다리에서 한 단 위로 올라간다.[17]

따라서 사다리를 올라가는 연설가는 자신이 이용하려던 선동에 오히려 발목을 잡히는 이상한 상황에 처한다. 죽이지 않으면 죽는다고 추종자(혹은 구경꾼)들을 설득시키고 나면, 완벽한 정화에 못 미치는 정책은 수용할 수 없게 되고, 일반적인 정치로 충분하다고 주장하기 어려워진다. 즉 *상대편*은 단순히 짜증나는 것을 넘어 끊임없이, 그리고 반드시 우리를 절멸시키려고 음모를 꾸미는 존재가 된다. 그러므로 우리가 상대편을 공격하고 추방하고 심지어 절멸시키더라도 이는 불가피한 자기방어이기 때문에 정당하다. 게다가 우리의 절멸에 관해서 타협할 수는 없기에 비정상적인 행동도 요구된다.

불행히도 선동이 규범이 되면, 모든 정치인은 그 덫에 빠진다. *상대편*을 최악이라고 말하지 않으면 분명히 바보이거나 상대편의 돈을 받았다고 여겨질 것이기 때문이다. 미묘한 차이를 분석하는 TV 프로그램은 분노를 유발하는 동시에 즐거움을 주는 프로그램과 경쟁할 수 없다. 모든 입장을 공정하게 다루는 라디오 대담은 관심을 가지고 참여하기에는 너무 인지적으로 복잡하다. *상대편*에게도 일리가 있다고 말하는 매체는 좌절감을 줄 뿐이다.

미디어와 커뮤니케이션을 연구하는 학자들은 오늘날의 미디어 대부분을 "인포테인먼트 infotainment"라고 묘사한다. 시청자들에게 정보를 제공하는 것처럼 보이지만, 실제 목표는 시청률을 높이려는 예능이라는 것이다. 회사의 이윤을 높이려고 하면 시청자들을 붙들어 놓는 것이 목표가 되고,

이는 필연적으로 다른 채널은 볼 필요가 없다고 시청자들을 설득하려고 애쓰는 것으로 이어진다. 그러므로 이런 매체의 본성 자체가 폐쇄적인 정보 공간을 만들게 된다. 이것은 새로운 현상이 아니다. 남북전쟁 이전 시기의 문화의 많은 충격적인 측면 중 하나도 극단적으로 당파적인 매체였다. 그리고 이 매체들은 모든 노예제 폐지론자들이 자신들은 노예를 소유할 수 없다는 질투심, 노예와 동침하고 싶다는 욕구, 그리고 그들이 지속적으로 옹호해 온 인종 간의 전쟁에 대한 적극적 욕망 때문에 노예제를 폐지하려고 한다는 (노예제 폐지론자들이 남긴 문헌을 봤다면 이제는 누구도 진지하게 주장할 수 없는) "대안적 진실"의 세계를 구축하는 데 기여했다. 남북전쟁 당시, 많은 남부 사람들은 링컨이 남부에 노예제 폐지를 강요하기 위해 연방군을 활용할 계획을 갖고 있다고 확신했다. 사실 링컨은 기존에 노예제가 존재하던 주에서는 노예제가 보호되도록 헌법을 개정할 의지도 있었고, 연방 수준에서 노예해방법을 통과시킬 정도로 충분한 의회의 지지를 얻지도 못했다. 하지만 남부의 신문들은 이런 사실을 전혀 언급한 적이 없기 때문에, 노예제가 있던 주의 사람들이 이를 알지는 못했을 것이다. 잡지, 책, 연설, 설교 심지어 소설과 같은 매체들도 친노예제 정책 어젠다에 의해 형성된 인지부조화를 해결할 수 있는 이야깃거리를 제공하는 것을 목표로 삼았고, 그러는 데 성공했다. 결과적으로 친노예제 레토릭이 그 레토릭의 이상적인 소비자들만 거주하는 매우 이상한 세계를 창조했던 것으로 보인다.

또한 이 미디어들은 20세기 중반 미군 포로에 관한 의혹 속에서* 탄생할 용어인 "세뇌"를 이미 시도하고 있었다. 사람들을 우두에 노출시켜서 천연두에 저항성을 갖게 만들었던 것처럼, 독자들에게 노예제에 대한 비판을 약한 버전으로 소개함으로써 보다 진지한 비판론에 대한 예방주사를 놓았던 것이다. 선동적인 미디어는 소비자들에게 지나치게 단순화된 (혹은 심지어 완전히 날조된) 버전의 반대 의견을 제시했다. 그러한 미디어의 소비자들은 *상대*

* 한국전쟁 후 일부 미군 포로가 귀향을 거부하자 중공군에게 공산주의의 우월성에 대해 세뇌를 당한 결과라는 미국 언론 보도가 있었다.

편이 뭐라고 생각하는지에 대해 자신들이 이미 알고 있던 것을 진심으로 믿었다. 그러므로 처음의 출처, 반박하는 관점, *상대편*이 제시하려고 할지도 모르는 증거는 쳐다볼 필요도 없었다.

미디어가 철저하게 당파로 나뉜 정도의 수준이 아니라, 당파적인 미디어들이 성공적으로 대안적 세계를 창조해 내고 있었다. 노예제를 옹호하는 연설가들은 노예제 폐지론자를 둘러싼 음모론들처럼 일어난 적도 없는 사건이나, 실제로는 완전히 실패한 사우스 캐롤라이나의 연방법 실시 거부 사태*가 성공했다고 하는 것과 같이 그들이 묘사한 방식으로는 일어나지 않은 사건들에 대해 언급할 수 있었고, 그런 전제를 수용한 청중들에게 의지했다. 그렇

* Nullification Crisis. 1828년과 1832년에 북부의 공업을 보호하고자 공산품에 대한 수입관세율을 높이는 연방법이 통과되었다. 이에 사우스캐롤라이나 주는 해당 법안이 농산물을 수출해 공산품을 수입하는 남부에 부당한 세금부담을 지운다고 반발하며, 위헌이자 주 안에서 무효라고 선언했다. 그러나 1833년 연방의회가 사우스캐롤라이나 주에 대한 대통령의 무력사용을 승인하는 동시에 관세율을 만족할 만큼 낮춘 개정안을 통과시키자 스스로 선언을 철회하였다.

게 대안적 세계가 창조되고 공유되었다. 이것이 내가 2003년에 이라크 침공을 둘러싼 공적 담론에서 구체적으로 목격한 것이다. 즉 다른 시스템과는 어떤 접촉점도 없는 미디어 물웅덩이가 생겼고, 상황은 그 이후로 점점 더 악화되었다. 미국은 미디어로 분열된 나라다.

7.
선동에 맞서는 방법과 도구들

우리가 하지 말아야 하는 것은 이런 것이다. 선동은 우리 집단에서 문제를 일으키는 나쁜 사람들을 정화하면 우리의 모든 문제가 해결될 수 있다고 말한다. 그렇기 때문에 우리는 우리 공동체에서 *상대편의* 선동가 혹은 *그의* 추종자들을 정화함으로써 선동의 문제를 해결하려고 하면 안 된다. 그것은 선동적인 해결책일 뿐만 아니라, 심지어 문제를 해결하지도 못 한다. 문화를 바꾸지 않으면 그저 또 다른 선동가를 얻게 될 뿐이다.

선동은 해결책이 단순하다고 말한다. 하지만 만일 내가 선동의 복잡함에 대해서 이렇게 오랫동안 이야기하고 나서 간단한 해결책을 제시한다면 매우 이상할 것이다. 해결책이 간단하다면 기원전 5세기의 역사가 투키디데스Thucydides가 악명 높은 선동가인 클레온Cleon을 공격했을 때 선동이 사라졌을 것이고, 아리스토텔레스가 이미 4세기에 자신이 쓴 레토릭에 관한 책에다 선동을 막을 수 있는 방법을 적어 두었을 것이다. 이것은 그렇게 간단한 문제가 아니다.

우리가 할 수 있는 일은 넓게 보면 네 가지 전

략이 있다. 누구도 네 가지 전부를 할 필요도 없고, 그중 하나를 항상 하고 있을 필요도 없다. 첫째, 스스로 선동을 덜 소비하고 선동에 심하게 의존하는 언론 매체들을 망신줌으로써 선동의 수익성을 감소시키려고 노력하는 것이다. 둘째, 선동적인 주장을 반복하는 가족이나 친구와 논쟁하지 않겠다고 선택할 수도 있고, 그저 다원주의와 다양성의 이점에 대해 증언할 수도 있다. 혹은 세 번째로, 만약 흥미롭거나 가치 있어 보인다면, 그런 가족이나 친구와 논쟁할 수도 있다. 마지막으로 민주적 숙의를 지지하고 주장할 수 있다.

역사적으로 끔찍한 전쟁 이후에는 선동적이지 않은 정치 문화가 나타난다. 잉글랜드 내전English Civil Wars 이후 종교적 관용을 요구하는 목소리가 높아졌던 것과 제2차 세계대전 이후 인종차별주의적인 "과학"이 주변화되었던 것을 예로 들 수 있다. 우리가 전쟁이 아닌 다른 방법을 찾을 수 있다면 좋을 것이다.

선동은 당선에 도움이 안 될 때 강력하게 감소하는데 이는 보통 내집단 감시 때문이다. 비슷하게 언론 매체가 수익을 보장받지 못하면 선동에 관여하는 일을 그만둘 것이다. 그러기 위해서는 그런 짓을 감수할 수 없을 정도로 타깃 시장이 감소해야 한다. 개별 선동가들은 내집단 비난에 가장 취약하고, 특정한 부류의 선동은 일반적으로 대중적인 망신으로 종결된다. 반(反)문화로 보임으로써 수익을 내거나 성공하는, 일부러 주변화되는 선동 종류에 관해서는 따로 책을 써서 다뤄야 할 만큼 복잡한 이야기다(이것은 "나치주의자는 때려도 되는가" 논쟁이고, 골치 아픈 이야기다*).

《파이드로스Phaedrus》에서 소크라테스Socrates는 글쓰기는 벽에 씨앗을 던지는 것과 같다고 했다. 이 말은 종종 글쓰기에 대한 비난으로 여겨지지만 플라톤은 그 말을 썼고, 그는 멍청이가 아니었다.

* 인종차별주의적인 웹사이트를 운영하는 리처드 스펜서(Richard Spencer)는 2018년 미국 대선 이후 연설에서 나치 용어를 사용했고 지지자들에게 나치식 경례를 받았다. 그리고 도널드 트럼프(Donald Trump) 대통령 취임식 날, 워싱턴 D.C.에서 인터뷰 중이던 그의 얼굴을 갑자기 나타난 누군가가 정면으로 가격했다. 이 영상이 인터넷 상에서 퍼지면서 소셜미디어에서 "나치주의자는 때려도 되는가?"라는 논란이 이어졌다.

그는 설득이 반드시 즉각적으로 일어나지는 않으며 우리가 성공할지 아닐지를 항상 알 수 있는 것은 아니라고 주장했던 것이다. 사람들과 논쟁하는 것 혹은 그저 이야기하는 것은 벽에 씨앗을 던지는 것처럼 느껴질 때도 있다. 내 경우에도 내 생각이 틀렸다고 주장하며 나와 필사적으로 논쟁했던 사람이 시종일관 내가 자신을 설득하지 못했다고 우기면서도, 나중에는 이전의 입장을 버리고 나와 같은 입장으로 바꾼 것을 본 적이 있다. 또한 레토릭적으로 허점이 다 드러났는데도 같은 주장을 계속해서 반복하는 사람을 본 적도 있다. 나의 모든 경력은 사람들이 숙의에 참여하도록 설득하는 방법을 찾는 것에 관련되어 있고, 1980년대 중반 이후로는 디지털로 연결된 담론의 세계에서 논쟁을 벌여 왔다. 나는 토론을 가르쳤고, 논증을 가르치며, 심지어 3년 전 쯤에서야 유용한 전략을 개발하기 시작했다고 느끼는데, 그 전략들이 항상 잘 먹히는 것은 아니다. 많은 사람들은 불편한 진실보다 편안한 거짓을 선호하기 때문에 이 일은 쉽지 않다.

하지만 앞서 말한 것처럼 우리의 경로를 수정

하는 데 도움을 줄 수 있는 네 가지 전략이 있다.

1) 선동을 덜 소비하고 선동에 심하게 의존하는 언론 매체들을 망신줌으로써 선동의 수익성을 감소시키려고 노력한다.

미국 정치 담론에서 포용적인 논증 대비 선동의 비중은 더 낮아져야 한다. 그렇다고 해서 절대로 선동을 소비하지 말아야 한다는 의미는 아니다. 선동을 소비하는 것은 소파에 누워 나쁜 영화를 보는 것과 같다. 때때로 일어나서 돌아다니기도 한다면 그렇게 한다고 해서 나쁠 건 없다. 하지만 우리는 폐쇄적인 정보 공간 밖에서도 시간을 보내야만 한다. 다양한 관점들을, 특히 격하게 반대하는 관점들도 반드시 읽어야만 한다. 혐오스럽다고 생각하는 관점에도 귀 기울이고 그런 관점을 정확하게 요약할 수 있도록 노력해야 한다. 공통의 관심사를 찾거나 그들이 그렇게 나쁜 사람들은 아니라는 것을 밝히기 위해서가 아니다. *왜* 사람들이 선동을 매력적이라고 생각하는지를 이해하는 것이 중요하기 때문에 하는 것이다. 그리고 그들과 논쟁하기로 결정한다면 남에게 전해들은 왜곡된 버전에 의존하지 않고 그들이 무엇을 믿는지 당신이 알고 있다고 보여줄 수 있어야 한다. 내집단의 일부 선동에 빠져드는 것은 괜찮다. 기운을 얻기 위해서 필요한 일일지도 모른다. 하지만 그것이 정보를 얻는 유일하고 주된 출처가 되서는 안 된다.

나아가 우리는 보이콧의 힘, 광고주에게 가해지는 압력을 무시해서는 안 된다. 다양한 관점들이 제시되는 *방법*에 대해서는 문제를 삼아도 될지 모르지만, 단지 그들에게 동의하지 않는다는 이유로 어떤 이들을 침묵하게 만들면 안 된다. 정치적 의제가 선동적이지 않은 방식으로 설명되거나 방어될 수 없다면, 이는 아주 심각한 문제이며 중요한 지점이다. 언론 매체가 항상 혹은 주로 선동에 관여한다면, 변화를 요구하는 것이 마땅하다.

2) 선동적인 주장을 반복하는 사람과 논쟁하지 않는 동시에 그들을 설득하려고 노력한다.

공감은 *상대편*에 관한 선동의 효과를 없앨 수 있다. *상대편*에 속한 사람과의 경험이나 심지어 인간적인 이야기만으로도 그들에 관한 일반화는 복잡해지고 때로는 산산이 부서질 수 있다. 그런 이야기들을 말하고, 그런 친구들을 언급하고, 그런 경험에 대해 이야기하고, 아니면 그냥 논쟁하는 것을 거절하라. 대화 상대가 그들을 만날 수 있도록 초대하고, 고정관념에 부합하지 않는 개개인들을 지목하고, 만약 당신이 그들의 외집단에 속한 사람이라면 당신의 대화 상대가 당신을 예외적인 사례로 대하는 것에 저항하라. 많은 사람들이 어떻게 어떤 외집단에 대한 선동을 거부하게 되었는지를 설명하면서, 그 집단에 속한 사람들을 알게 (그리고 사랑하게) 됐을 때 혹은 오래도록 사랑해 온 사람들이 외집단 구성원이라는 것을 알게 되었을 때 스스로 변하게 되었다고 말하자. 차라리 다원주의와 다양성이라는 영광의 증인이 되자.

선동은 스스로를 매우 진지하게 여기기 때문에 유머로 대응하는 것이 효과적이라고 주장하는 사람들이 있다. 선동적인 유머는 일반적으로 야비하고, 오직 외집단과 그 하수인들을 대상으로 삼기 때문에 (적어도 농담의 일부분이 농담하는 자신을 대상으로 삼는) 다른 많은 유머에 있는 불안정화 효과가 없다. 나는 선동적인 유머가 선동이나 그것의 구체적인 주장에 관한 신념을 효과적으로 무너뜨릴 수 있다고 생각하지 않는다. 왜냐하면 이런 유머는 내집단이 희생당하고 있다는 선동의 전제를 확인시켜주기 때문이다.

대신에 선동이 종종 매우 바보 같은 주장을 한다는 전제 위에서 작동하는 유머가 더 효과적일 가능성이 높다. 예를 들어 선동적으로 과장되고 종말론적인 예언을 비웃어 보라. 특히 한때는 그런 예언을 진심으로 믿었던 사람들에게 말이다. 개인적으로 이런 전략이 대체로 불편하기는 하지만, 다양한 동성애혐오 집단들에게 "신은 무화과를 혐오한다 God hates figs"라고 응답하는 경우처럼 그것이 역사적으로 강력했다는 점은 인정해야만 한다.[18]

3) 아니면 가족이나 친구를 포함해 선동적인 주장을 반복하는 사람과 논쟁해 본다.[19]

아마도 이 전략이 가장 복잡하고 간단하게 설명하기 불가능할 것이다. 그래서 이어지는 방법도 간단하지는 않다. 효과적으로 논쟁하는 방법을 배우려면 몇 년이 걸리기 때문에 몇 쪽으로는 고작 중요한 몇 가지만 짚을 수 있을 뿐이다. 이런 맥락에서 아래의 요점들을 제시하고자 한다.

당신은 타인에게 동정심을 가지고 친절하게 논쟁할 수도 있고 그렇지 않을 수도 있다. 어떤 사람들에게는 친절한 전략이 통한다. 동정심을 갖는다는 것은 모순적인 측면을 포함한 그들의 입장에 대해 호기심을 갖거나 공통의 관심사를 많이 찾아 내는 것일 수 있다. 이 전략들은 진심일 때, 즉 정말로 궁금해 하고 정말로 많은 공통의 관심사를 가지고 있을 때 가장 효과적이다. 당신의 대화 상대 또한 진심이고, 새로운 아이디어에 마음을 열고, 일관성에 신경을 쓰고, 자신의 생각이 옳은 것보다 진실을 찾는 것을 더 중시해야 한다. (지배하고 반대하는 태도 때문에 선동을 좋아하는) 사람들에게는 공격적이고 대결을 중시하는 전략이 더 잘 먹힌다.

하지만 상대가 어떤 사람이든지 간에 당신은 무엇에 대해서 논쟁하려고 하는가? 여기서 쟁점의 개념이 엄청나게 유용해진다. 기본적으로 논쟁의 쟁점에서 눈을 떼지 않으면, 선동에 관여하는 사람과의 논쟁에서 "승리"할 수 있다. 물론 그렇게 해서 그 사람이나 관찰자들을 설득할 수 있는지는 또 다른 이야기다.

선동가는 쟁점을 집단 정체성으로 이동시킨다. 그런 주장을 하는 것을 보니 당신은 외집단 구성원이라거나, 당신의 자료 출처가 외집단이라거나, 당신은 외집단에게 사기당했다고 주장함으로써 말이다. 상대편이 그들의 내집단의 명예를 훼손하고 있다고 주장하려는 것(이하에서 다룰 복잡한 전략)이 아니라면 쟁점을 정체성으로 이동시키는 것에 저항하라. 첫 번째 단계는 "그건 외집단 주장이니까 당신의 주장은 기각될 수 있다"는 쟁점 이동에 저항하는 것이다. 이것이 대화 상대가 논쟁하고 있는 쟁점이라고 누군가(논쟁 상대나 관찰자)를 설득할 수 있다면, 그것만으로도 성취라고 볼 수 있다. 그들이 다른 쟁점이 있을지도 모른다는 것을 인정하게 만든다면, 주장의 정확성, 출처의 신뢰성, 주장의 내적 일관성이나 공정성 같은 보다 생산적인 쟁점으로 이동할 수 있다.

선동은 일반적으로 이전에 가지고 있던 믿음을 확인시켜 주기 때문에 타깃 관중에게는 진실로 인식되는 주장("대안적 사실")으로 구성되어 있다. 그래서 *하나의 쟁점은 그런 주장을 반박하는 것*이다. 1차 자료처럼 믿을 만한 자료로 반박할 수도 있지만, 그들의 내집단에서 내놓은 자료를 사용하지 않는다면 편향 논쟁으로 끝날 수도 있다. 그러므로 편향과 출처에 관한 논쟁까지 할 준비를 하거나, 만약 가능하다면 그들의 주장이 거짓이라는 것을 보여주기 위해 내집단의 자료와 1차 자료를 사용하라. (이는 종종 놀라울 만큼 쉬운 일이다.) 또한 그들에게 자료를 내놓으라고 주장할 수도 있다. 만약에 그들이 자료를 제공한다면(일반적으로는 그럴 리가 없다), 그 자료가 실제로 그들의 주장을 지지하지 않는다(자료의 제목은 지지한다)는 점이나 그 자료는 주장을 지지하기도 하고 반박하기도 한다는 점이나, 가짜 뉴스 사이트가 출처라고 지적할 수 있다. 소박실재론을 믿는 사람들은 제목만으로도 충분하다고 생각해 굳이 링크를 클릭해 볼 필요를 못 느끼기 때문에 그들이 인용한 글의 내용을 인용하는 것만으로도 쉽게 당황시킬 수 있다. "분별없는 진보주의자libtard"가 만든 가짜 뉴스 사이트 목록에 의존할 필요도 없다. 그 사이트를 몇 분만 둘러봐도 가짜 뉴스 사이트라는 걸 보여줄 수 있는 면책성명('이건 단지 웃자고 하는 얘기입니다')이 나타날 것이다.

앞서 언급했듯이 선동가는 사람들에게 사상을 주입해서 외집단이 무엇을 주장하는지 항상 이미 알고 있다고 설득하기 때문에 당신은 사람들이 이 쟁점에 머물도록 많은 시간을 할애해야만 한다. 그리고 그렇게 하는 게 중요하다. 예를 들어 만약 당신이 한정된 공간에서 읽었던 글 전부가 모든 다람쥐 지지자들은 강아지를 걷어차도 괜찮다고 믿는다는 내용이었다면, 그리고 다람쥐에게는 좋은 자질이 있다고 말하는 사람과 논쟁 중이라면, 당신은 강아지를 차는 것을 문제 삼고 싶은 마음이 생길지도 모른다. 이런 쟁점 이동은 당신에게는 합리적인 것처럼 보이겠지만, 그 안에는 부당한 것일지도 모르는 두 번의 건너뜀이 존재한다. 당신은 그들이 다람쥐를 *지지한다*고 그리고 아마도 다람쥐가 전적으로 나쁘지는 않다고 생각한다고 추정하고 있다. 당신은 또한 모든 다람쥐 지지자들은 똑같은 생각을 하고 반드시 강아지를 차는 것을 옹호한다고 추정하고 있다. 하지만 언젠가 당신이 상대방의 입장이 되는 상황에 처할지도 모른다. 누군가가 그들의 정보 출처를 근거로 당신 같은 사람들은 항상 특정한 입장을 가지고 있다고 믿으며, 그 입장을 문제 삼아서 당신을 공격하는 그런 상황 말이다. 어떤 경우든 다람쥐 지지에서 강아지 걷어차기로 쟁점을 이동시키기 전에, 허수아비가 아니라 진짜 사람이 정말로 무엇을 믿고 있는지에 대해 논쟁하고 있다는 것을 분명히 할 필요가 있다.

많은 사람들에게 정치는 함께 공동의 문제에 대한 해결책을 찾는 영역이라기보다 제로섬 게임이다. 그런 사람들에게 *진짜* 이슈는 어느 집단이 더 나은가이다. 그러므로 당신이 상대편 정치인이 했던 행동의 문제점을 지적하면, 그들은 "당신네도 나쁜 짓을 하잖아"라고 반응할 것이 뻔하다. "잘못에 잘못으로 대응하는 것은 옳지 않다"고 (그들은 그렇다고 하겠지만) 말하려는 욕망을 억누르고, 대신에 어떤 추상적인 방식으로 어느 집단이 더 나은지로 쟁점이 이동했다는 것을 지적해라. 상대편 정치인이 무언가에 대해 거짓말을 했다는 것이 당신 주장의 요지라면, 당신의 정치인이 강아지를 차거나 보름달이 뜬 밤에 깨진 유리를 씹는지는 중요한 문제가 아니다. 설령 그런다고 해도 그게 상대편 정치인이 한 말을 진실로 만들어 주지는 못하기 때문이다.

만약 상대방이 자료 제공을 거절한다면, 당신은 더 복잡하지만 정말로 더 중요한 쟁점에 있는 것이다. 이 쟁점에서 당신은 *그들이 논쟁하는 방식이 가진 문제를 지적할 수 있다*. 궁극적으로 당신의 목표는 사람들이 상대편의 주장이 선동이라는 것을 알게 하는 것이다. 선동은 원칙에 관한 것("행정명령은 경악할 만한 헌법 위반이다")인 척 하지만, 내집단 대 외집단("*우리* 대통령이 하지 않는다면")에 관한 것이다. 그래서 상대편 논증에 원칙이 없다고(그들은 상대방이 행정명령을 발동하고, 중상모략하고, 편파적인 정보에 의존할 때에만 반대한다는 것) 지적하는 것이 유리하다. 내 경험상, 그들은 그런 원칙이 모든 집단에게 적용되는 것이 아니라고 대응할 것이다. 어떤 집단은 (즉 당신네는) 태생적으로 그리고 본질적으로 사악하다고 생각하기 때문이다. 그래서 상대편의 행정명령에 무조건 반대하는 것이 잘못이라고 설득하기는 쉽지 않다. 하지만 그들이 가진 믿음이 원칙이 아니라 내집단 대 외집단의 구도에서 시작됐다는 생각의 씨앗을 그들의 마음(혹은 관찰자들의 마음)에 심을 수는 있을지도 모른다. 나아가 그들이 심지어 레토릭적으로도 "남에게 대접을 받고자 하는 대로 너희도 남을 대접하라"는 원칙을 거부하고 있다는, *다른 사람들에게*는 지키라고 말하는 레토릭적이고 논리적인 규칙을 정작 스스로는 따르지 않고 있다고 알려줄 수도 있다.

자신은 이미 확고해 설득될 리가 없는 상태에서 정치적인 이슈를 꺼내고 보는 친척들 사이의 '명절 밥상 논쟁'처럼 반증 가능성이 있는지와 관련해 공정성의 질문을 좇을 수도 있다. 논쟁하고 있는 사람이 정말로 논쟁에 개방적인지, 즉 그들은 어떤 상황에서 생각을 바꿀지, 담론의 규칙은 무엇인지, 그 규칙은 누가 정했는지에 대해 추론하거나 단순히 질문해 보는 것은 유용하다. 만약에 그들이 어떤 상황에서도 생각을 바꾸지 않을 것이라면, 그리고 규칙이 테이블에 앉은 모든 사람에게 동등하게 적용되는 것이 아니라면, 그 논쟁을 하는 것 자체를 거절할 수 있다. 냉소적으로 비난하고 싶다면 상대편이 그들의 입장을 합리적인 주장으로는 방어하지 못한다고 지적하면서 거절할 수 있지만, 그렇게 해서 잘 되는 경우는 거의 없다.

만약 당신이 상대편의 논쟁 방식에 대해서 논쟁하고자 한다면, 당신은 상대편의 주장에 오류가 있다고 말하게 될 것이 분명하다. 이 경우에 오류의 명칭을 정확히 댈 수 있는 능력은 쓸모가 있다. 선동적인 논점에 반박하기 위해서 이하의 오류들을 알아 두면 도움이 된다.

비일관적인 전제에의 호소

이 오류는 적어도 두 개의 약식 삼단 논법이 있고 그것들의 대전제가 모순될 때 발생한다. 예를 들어 누군가가 이렇게 주장한다고 해보자. "당신의 대통령은 행정명령을 발동했기 때문에 폭군이에요"와 "우리 대통령은 행정명령을 많이 발동했기 때문에 결단력이 있어요"라는 이 두 주장은 서로 모순된다. 행정명령을 많이 발동하는 것이 폭군 같은 행동이라면, 그들의 대통령도 폭군인 것이다. 그렇게 하는 것이 결단력이 있는 행동이라면, 우리 대통령도 결단력이 있는 것이다. 이 사람은 행정명령을 발동하는 것이 좋은지 나쁜지에 대해서 일관적이어야 할 필요가 있다.

순환 논증

'논점을 참으로 가정하기'라고 알려져 있는 이 오류도 주장들의 관계에 흠결이 있을 때 발생한다. 매우 흔한 오류지만 인지하기는 놀라울 정도로 어렵다. 논거인 것처럼 보이지만 실제로는 같은 결론을 다른 말로 거듭 주장하는 것이다. 결론의 "증거"는 실은 결론과 동의어이거나 결론이 참일 때만 유효하다. 토지 소유에 대한 워런의 지도는 '일본인'이 사악한 동기를 가지고 있다는 그의 결론이 참일 때만 적절하다. 하지만 증거는 결론으로부터 도출되는 것이 아니라 결론을 이끌어 내야 하는 것이다.

성급한 일반화의 오류

'예외 무시', '고정관념' 등으로 알려진 이 오류는 주장에서 (주로 대전제에서) "몇몇", "많은", "종종", "때때로", "드물게"와 같은 한정적인 단어가 "모든", "아무도", "항상", "절대"와 같은 절대적인 단어로 미끄러지는 현상이 숨어 있는 경우에 발생한다. 특정한 개체에 대해서만 참인 것이 그 속의 모든 구성원에게 참이라고(이 개가 고양이를 싫어하기 때문에 모든 개는 고양이를 싫어한다) 혹은 어떤 종에게 참인 것이 그 종에 속한 모든 개별 구성원에게 참이라고(개는 다리가 네 개니까 이 개도 다리가 네 개일 것이 틀림없다) 추정할 때 이런 대체가 일어날 수 있다. 우리는 외집단에 대해서 이런 오류를 잘 일으킨다. 그들은 모두 비슷한 존재들이라고 생각하기 때문에, 상대편 구성원 한 명의 사례를 그들이 모두 나쁘다는 증거로 삼으려 하고,

우리편의 영웅이 행한 선한 행동 하나를 가지고 우리편에 대한 모든 비난을 기각하려고 한다.

거짓 딜레마

'우물에 독 풀기', '허위 이분법', '모 아니면 도'라고 알려진 거짓 딜레마는 연설가가 선택지를 제한해서 어쩔 수 없이 그가 원하는 선택을 하도록 강제할 때 발생한다. 모든 선택지가 늘어져 있었다면 상황은 더 복잡했을 것이고 연설가의 제안도 그렇게 좋은 것처럼 보이지 않았을지 모른다. 대개 나머지 하나의 선택지라는 것이 재앙에 가까운 것(우리는 모든 "일본인"을 감금하지 않으면 일본에게 침략당할 것이다)이기 때문에, 주로 위협 전략으로 사용된다. 반대편의 제안을 지나치게 단순화할 때는 "허수아비 논증의 오류"라고도 한다. 연설가가 (영업사원들이 종종 그렇게 하듯이) 다양한 합리적인 선택지들이 존재한다는 것을 알기 어렵게 하려고 할 때는 교활한 것일 수도 있지만, 모든 이슈가 이분법으로 구조화될 수 있다고 믿을 때는 의도적인 것이 아닐 수도 있다.

통계의 오용

통계의 오용은 자기설명적이다. 선동은 놀라울 정도로 나쁜 "과학"과 나쁜 통계를 자주 사용한다. 예를 들어 사람들은 각주가 나쁘거나 부적절해도 각주의 존재만으로 그 주장이 참인 것이 틀림없다고 설득당하고, (동성애자들은 아동을 성추행할 확률이 열두 배나 높다는 완전히 조작된 통계처럼) 몇몇 구제불능한 나쁜 통계들은 자기만의 생명력을 가지고 살아남는다. 그러나 그들의 통계가 왜 나쁜지를 보여주는 것은 매우 복잡한 일일 수 있다. 일반적으로 사람들은 절대 수치와 비율을 혼동한다. 토지 소유에 대한 워런의 통계는 커 보였다. 왜냐하면 그는 소유 비율을 보지 않았기 때문이다. 그는 "일본인"이 사회기반시설 근처에 토지를 소유했다는 것만 보여주었지만, 일반적으로 사회기반시설 근처에는 인구가 더 밀집되어 있다. 비슷한 예로 테러리스트 공격에 대한 통계는 일반적으로 미국 내 백인이 저지른 테러리즘은 빠뜨린 채 종종 "테러리스트"나 "테러리즘"에 대해 이상한 정의를 사용한다. 소박실재론자들은 그들이 명백하게 참이라고 믿는 결론을 지지하는지를 기준으로 통계의 유효성을 판단할 수 있다고 믿는다. 그래서 그들이 동의하는 통계는 사실로 수용하고, 동의하지 않는 통계는 거짓으로 기각한다.

거짓 원인의 오류

상관관계와 인과관계를 혼동하는 것으로 알려진 거짓 원인의 오류는 정책 논쟁에서 사회과학연구를 사용할 때 특히 흔하게 발생한다. 상관관계에 있다(즉 두 가지 사건이 함께 존재한다)고 해서 반드시 한 사건이 나머지 다른 한 사건의 원인이 된다는 뜻은 아니다. 어쩌면 두 사건 모두에 해당하는 다른 원인이 있을지도 모른다. 일반적으로 연구에서 "통제" 집단을 제대로 설정하지 못했을 때 이 오류가 발생한다. 우리는 두 가지의 극적인 사건이 순서대로 일어났다는 이유만으로 이런 식으로 생각하고는 한다. 그 두 사건이 틀림없이 관련되었다고 가정하는 경향은 패턴을 파악하고자 하는 인지적 편향의 사례다. 이 오류는 백신과 관련한 선동에서 주된 요소로 작동한다.

논점 바꿔치기의 오류

이어지는 모든 오류들은 '레드 헤링red herring'의 하위 분류라고 볼 수 있다. 레드 헤링은 주장의 자취를 따라 지독한 냄새가 나는 것을 끌고 다니면서 사람들이 잘못된 길을 가게 만드는 것을 의미한다. 또한 두 사람 사이에서 정말로 문제가 되는 것으로부터 다른 무언가로 관심을 돌리려고 한다는 점에서 '쟁점 이동'으로 불리기도 한다. 보통은 강한 분노를 유발하는 분야로, 때로는 당사자에게 더 쉬운 분야로 쟁점을 이동시킨다.

인신공격

대화 상대의 정체성에 대한 부적절한 공격이다. 누군가가 어떤 주장을 했다는 이유만으로 그들을 "분별없는 진보주의자", "신자유주의 앞잡이", "네오콘 파시스트" 혹은 다른 어떤 외집단이라고 보고 그 주장을 기각하는 것이 일반적인 인신공격에 해당한다. "당신이 외집단이기 때문에 당신의 주장은 틀렸다"고 말하는 것이다. 물론 인물이나 성격에 대한 모든 "공격"이 인신공격인 것은 아니다. 누군가가 정직하지 못하다거나, 잘못된 주장을 한다거나, 오류에 빠졌다고 지적하는 것은 그들의 주장을 공격하고 있는 것이기 때문에 인신공격이라고 할 수 없다. 심지어 인물을 공격하는 것("당신은 거짓말쟁이다")도 적절한 증거로 주장을 뒷받침한다면 잘못됐다고 볼 수 없다.

권위에 대한 호소

권위에 대한 잘못된 호소를 뜻한다. 내집단에 소속되면 신뢰성이 담보된다고 간주되기 때문에, 선동에서 발생하는 매우 흔한 오류다. 때때로 권위자는 모호하거나("과학자") 부적절한 자격(기계공학 박사가 지구온난화 전문가는 아니다)을 지닌다. 경찰과 평화유지공무원에 대한 워런의 의존은 권위에 대한 잘못된 호소의 한 가지 사례다. 자신의 업무에 매우 탁월하다고 해도, 그들은 스파이를 식별하는 것과 관련해 훈련을 받지도 전문 지식을 가지고 있지도 않았다. 개인적 신념에 호소하는 것도 일반적으로 이 오류의 사례다.[20]

감정에 대한 호소

감정에 대한 부적절한 호소를 뜻한다. 나에게 매우 사랑스러운 강아지들이 있기 때문에 (설령 진짜 그렇다고 하더라도) 나에게 투표를 해야 한다고 말하는 것처럼 말이다. 선동은 논쟁할 여유가 없을 정도의 상황을 전제한다는 점에서 종종 공포에 대한 호소가 존재한다. 그렇기 때문에 이 오류는 동의하지 않는 의견을 침묵시키려는 시도다. 종종 어떤 사람들이 느끼는 공포는 타자의 정체성, 동기, 행동의 증거로 간주되는데, 실제로는 그렇지 않을지도 모른다. 예를 들어 워런이 "일본인"의 반역이 임박했다는 증거로 지적한 공포는 사실 일본계 혈통의 사람들에 관한 증거가 아니라 인종주의의 증거일 뿐이었다. 물론 감정은 항상 추론의 일부분이기에 단순히 감정에 호소하는 것이 반드시 잘못됐다고 할 수는 없다. 워런에게 반박하는 사람들도 이를테면 동정심이나, 국가가 파시스트적으로 행동하기 시작했을 때 닥칠 결과에 대한 두려움, 보다 포용적인 세상에 대한 희망과 같은 감정에 호소했다. 워런이 국가를 위해서 두려움을 느낀 것이 비합리적인 것은 아니었지만, 그의 두려움이 그의 주장의 정당성을 입증하는 증거는 아니었다.

동기주의의 오류

주장의 동기가 무엇인지 무관한 상황에서 어떤 사람이 나쁜 동기를 갖고 있다는 추측을 근거로 그의 주장을 거부하는 오류다. 어떤 자료가 "편향"된 것이기 때문에 수용할 수 없다고 말하면서 그 "편향"의 유일한 증거가 외집단의 자료라는 것뿐일 때, 그게 동기주의의 오류다. 이 오류는 워런의 경우처럼 반증할 수 없다는 점에서 순환 논증의 오류이기도 하다.

위협 전술

위협 전술은 행동과 관계없이 어떤 무서운 결과가 무관하거나, 일어날 것 같지 않거나, 불가피한 경우에 생기는 오류다. 예를 들어 당신이 나에게 투표를 해야 한다고 말하면서 태양이 훗날 어떻게 초신성이 되어 갈지에 대해 끔찍하게 묘사한다면 (그 결과를 내가 어떻게든 막겠다고 주장하는 것이 아니라면) 이

것이 위협 전술이다. 워런의 "보이지 않는 마감 시한"에 대한 두려움 조성이 이 오류를 잘 보여준다. 미국 서부 해안은 물론이고 진주만 공격에서도 사보타주는 없었다. 일본은 하와이를 침략하려고 시도하지 않았고, 본토 침공은 (기지 구축이 필요했기 때문에) 훨씬 일어날 가능성이 적었고 확실히 임박한 것 같지는 않았다.* 만약 일본에게 침략할 의도가 있었다고 해도 (미국 정부가 알았듯이 그런 의도는 없었다) 일본계 혈통을 가진 모든 사람을 감금하는 것은 어떤 변화도 만들지 못 했을 것이다.

허수아비 논증의 오류

이 오류는 상대편의 주장을 지나치게 단순화하는 것이다. 연설가는 상대편이 전혀 한 적이 없는 주장에 대응하고 있기 때문에 그가 하는 말의 대부분은 부적절하다. 미디어를 통한 사상주입은 허수아비를 교활하게 활용하는 것이지만, 사람들은 때때

* 저자는 일본이 하와이 영토의 군사적 점령보다는 일시적인 태평양 함대 무력화를 통한 안정적인 자원 확보 및 세력권 확대를 목적으로 진주만을 침공했다는 역사적 해석에 공감하는 것으로 추정된다.

로 의도치 않게 대충 흘려듣고 투사하고 자신과 다른 입장의 사람들은 모두 멍청하다고 여김으로써 이에 관여하게 된다. 만약 우리가 소박실재론자라면 우리의 인식을 모든 합리적인 사람들이 공유하고 있다고 믿을 것이다. 그렇다면 우리 의견에 동의하지 않는 사람은 비합리적이기에 비합리적인 관점을 그들 탓이라고 여길 것이다. 이분법적 사고를 하는 사람들은 어떤 일은 절대 일어나지 않거나 항상 일어난다고 가정하고, 다른 사람의 주장을 모 아니면 도라고 듣는 경향이 있다. 그러다 보면 이런 식의 주장은 의도하지는 않았지만 순전히 다른 사람들을 탓하게 된다. 그러므로 내가 진주만에서 사보타주가 없었다고 말하면, 이분법적 사고에 의존하는 사람은 내가 제2차 세계대전 기간 동안 미국에서 어떤 사보타주도 없었다고 말했다고 믿을지도 모른다. 만약 내가 이분법적 사고에 의존한다면, '총기를 소유하고 판매할 자유가 있다'는 의견에 동의하지 않는 사람들은 '모든 총기를 금지하고 싶어한다'고 믿을 것이다. 그러면 나는 총기를 안전하게 보관하자고 요구하는 사람에게 정부가 문을 박차고 들어와 모든 총기를 빼앗아 가도 되냐고 따질지도 모른다('미끄러운 비탈길의 오류').

피장파장/양비론

피장파장과 양비론은 항상 그렇지는 않지만 대개 레드 헤링의 한 종류로 때로는 '잘못된 등치의 오류'다(조지 오웰George Orwell은 이 개념을 '절반의 빵은 빵이 없는 것보다 나을 게 없다'고 표현했다). 이는 "당신도 똑같은 짓을 했잖아!"라고 주장하는 것을 말한다. 선동은 어떤 집단이 더 나은지 결정함으로써 모든 공공 정책 이슈는 해결될 수 있다고 전제하기 때문에 이 오류는 매우 흔하게 발생한다. 예를 들어 내가 당신의 후보가 백만 달러를 횡령했기 때문에 본인이 정직하다는 그의 주장을 믿어서는 안된다고 말한다고 하자. 이때 당신이 내 후보가 자판기에서 거스름돈이 더 많이 나왔을 때 이를 자판기 주인에게 돌려주지 않으려 했다고 반격한다면 잘못된 등치의 오류다. 그런데 만약 당신이 내가 자판기에서 더 많이 나온 잔돈을 돌려주지 않으려 한 적이 있었다고 대응한다면, 그것은 피장파장이다.

심지어 나도 콕 집어서 분명히 설명하지 못하는 부분이 있지만, 오류의 이름을 댈 수 있다는 것만으로도 선동에 설득당한 사람들과 논쟁할 때 상당한 레토릭적인 힘을 가지게 되므로 매우 유용하다. 하지만 오류가 있다고 면박을 주는 것만으로는 충분하지 않다. 기본적으로 우리는 사람들이 숙의에 더 많이 참여하고 선동에 더 적게 참여하도록 설득할 필요가 있다. 선동은 단지 정치에 관해서 논쟁하는 방식 중의 하나가 아니라 의사결정에 관해 생각하는 방식 중에 하나이기 때문에 이는 쉽지 않은 일이다.

선동은 내집단은 항상 그리고 영원히 모든 점에서 외집단보다 낫다는 가정을 깔고 정치를 내집단 대 외집단의 대결로 환원한다. 이상하게 들리겠지만 이 전제는 누군가에게 논점을 무비판적으로 반복하는 것을 그만두라고 설득할 수 있는 기회를 제공할 수 있다. 그들이 모욕에 의존하지 않고는 논쟁할 줄도 모르고 내적으로 일관된 원칙을 가지고 주장할 줄도 모른다는 고정관념을 들이대면, 그들은 자신들의 레토릭적인 명예를 입증해야만 하는 상황에 놓이게 된다. 선동에 관한 역설 중 하나는 선동이 파렴치한 동시에 명예에 집착한다는 것이다. 주장이 일관적이지 않다고, 합리적인 반증이 아니라고, 사실은 주장과 모순되는 자료를 인용한다고 그들을 쪽팔리게 하면, 파렴치함과 명예에 대한 집착 사이에서 인지부조화가 정면으로 대두된다.

물론 음모론, 봇bot, 매수 당한 연설가들에게 푹 빠지면 이 모든 전략들이 먹히지 않을지도 모른다. 하지만 적어도 공적인 포럼에서 무슨 일이 일어나고 있는지를 지적하면 어떤 사람들은 선동으로부터 멀어질 수도 있다. 그러나 그렇게 함으로써 당신이 상대편에게 그들이 틀렸다는 것을 설득시킬 수 있다는 이야기는 아니다. 어쨌든 그들은 설득되지 않을 가능성이 크다. 어쩌면 당신이 틀린 것일지도 모른다. 아니면 당신과 그들 모두 틀릴 수도, 모두 맞을 수도 있다. 당신이 해야 할 일은 상대방에게 숙의에 참여하라고 설득하는 것이고, 이는 당신 역시 숙의에 참여할 의지가 있어야만 한다는 뜻이기도 하다.

4) 그러므로 가장 중요한 전술은 민주적 숙의를 지지하고 주장하는 것이다.

다시 투키디데스를 소환해 보자. 투키디데스는 아테네 제국이 몰락한 원인인 스파르타와의 펠로폰네소스 전쟁에 대해 글을 썼다. 투키디데스는 일부 미틸레네 사람들이 아테네와의 동맹에 반대해 저항했다는 이유로 미틸레네 사람들에 대해 제노사이드를 행해야 하는지에 관한 두 연설가, 클레온과 디오도투스Diodotus 사이의 토론을 자세하게 묘사했다. 클레온은 숙의는 불필요하고, 자신에게 동의하지 않으면 부패한 것이며, 단지 다른 나라 사람들을 공포에 떨게 하기 위해서 아테네는 미틸레네를 쓸어버려야 한다고 완전히 선동적인 연설을 한다. (아마도 투키디데스가 만들어 낸 가상의 인물인) 디오도투스는 논증을 위한 열정적인 주장을 펼친다. 그는 정책에 관해 단지 복수심의 열망을 만족시킬 수 있는지가 아닌 장기적인 효과성의 관점에서 생각해야 하고, 반대는 좋은 것이고 반대해도 괜찮은 세상을 만들어야 한다고 말한다. 투키디데스는 그의 청중들에게 그저 무엇에 대해 논쟁하고 있는지가 아니라 *어떻게* 논쟁하고 있는지에 대해 생각해 볼 것을 요구했다.

그리고 이 이야기는 우리를 다시 민주적 숙의에 관한 질문들로 돌아가게 한다. 앞서 민주적 숙의에 관해 특히 도움이 되는 개념들을 언급한 바 있다. 포용, 공정, 책임성, 자기회의, 그리고 "쟁점"이 그것이다. 이 개념들은 다시 네 개의 기본 원칙들로 치환할 수 있다.

첫째, 선동은 *우리*와 그들을 다르게 대해야 한다는 것에 의존하기 때문에 단지 공정성만을 주장한다면 선동을 무너뜨리는 데 매우 오래 걸릴 수 있다. 레토릭적 공정성은 논쟁의 규칙이 무엇이든지 간에 논쟁에 참여한 모든 사람들에게 대등하게 적용되어야 한다는 것을 의미한다. 그래서 어떤 주장이 내집단에게 "합리적"으로 여겨진다면, 그것은 외집단에게도 "합리적"인 것이다(예를 들어 단 하나의 개인적 경험이 어떤 주장의 증거가 된다면, 단 하나의 개인적 경험으로 그 주장을 반증할 수 있다. 또는 개인적인 공격은 모든 참가자에게 수용되거나 금지된다) 둘째, 논증의 책임성은 모든 대화 참여자들에게 동등하게 적용되어야 한다는 점에서 공정성은 책임성과 연결된다. 그래서 모든 참가자는 서로의 주장을 공평하게 대변하고, 자신의 주장을 지지하기 위해 내적으로 일관된 증거를 제시하려고 노력할 책임이 있다. 셋째, 논쟁하는 사람들은 전제, 정의, 기준에 관해 내적으로 일관되려고 노력해야 한다. 이를 금지하는 표현으로 다시 말하면 다음과 같다. 논증의 주장들은 서로 모순되어서는 안 되고 모순된 전제에 기대서는 안 된다. 무언가가 논증의 어떤 지점에서 한 가지 방식으로 정의되었다면, 다른 지점에서 반대되는 방식으로 정의되어서는 안 된다. 무언가가 어떤 지점에서 좋은 것으로 묘사되었다면, 다른 지점에서 나쁜 것이 되면 안 된다. 만약 (유효할지도 모르는) 비일관성이 있다면 그런 논쟁을 한 사람은 책임을 져야 하고 설명하려고 노력해야 한다. 마지막으로 이슈 자체가 사실상 *논쟁*의 대상이라면, 관련된 사람들이 틀린 것으로 입증될 수 있는 주장을 하고 있는 것이므로 그 주장을 폐기하고 변경하고 재고할 수 있어야 한다.

위 원칙들은 축구경기처럼 누군가가 논쟁의 심판을 볼 수 있게 해주는 규칙들이 아니다. 이 규칙들 자체가 논쟁의 대상이다. 어떤 사람이 다른 사람이 이 규칙 중 하나를 위반했다고 생각한다면, 그것이 바로 논쟁의 쟁점이 된다. 또한 이 원칙들은 확실성을 담보하는 규칙들도 아니다. 우리가 불확실성을 헤쳐나갈 수 있도록 도와주는 규칙들이다. 우리가 그들에 대한 형편없는 생각을 표현만 하기보다 서로 *함께* 토론하도록 불러모으는 규칙들이다. 물론 항상 이런 규칙에 따라 대화를 할 필요는 없으며, 아무도 생각을 바꾸지 않는다 해도 논쟁 자체로 재미가 있을 때도 있다. 다만 그러한 논쟁은 민주적 숙의의 영역에 있지 않다.

좋은 반대는 공동체의 기반이다. 다양한 전문성과 관점을 가진 사람들이 서로 이야기하고 들을 때, 그리고 정직하고 실용적으로 우리 공동체 전체를 위해 최선의 행동 방향이 무엇인지 결정하려고 노력할 때 생기는 것이 좋은 반대다. 우리의 차이는 우리의 결정을 더 강력하게 만든다. 민주주의는 우리가 공동의 삶을 함께 걱정하고 서로 생산적이고 정직하게 반대하면서 하나의 공동체로서 행동할 수 있다고 전제한다. 선동은 그런 실용적 수용을 거부하고, 심지어 확실성과 순수성의 세계를 위해 반대를 평가절하하고 침묵시킨다.

선동은 *우리*는 절대로 틀리지 않고 그들이 틀리다고 말하는 것이다. 우리가 실수를 한다면 그들 탓이고, *우리*는 항상 무엇이 진실하고 옳은지에 대해 잘 알고 있다. 복잡한 문제 같은 것은 없고, 단지 문제를 복잡하게 하려고 애쓰는 자들이 있을 뿐이다. 그들의 이야기를 듣기만 해도 반역이다. *우리*가 해야 할 일의 전부는 *우리* 모두가 옳다고 알고 있는 일이다. 그래서 선동은 매우, 매우 즐겁다. 선동은 우리에게 우리는 좋고 그들은 나쁘다고, 우리가 항상 옳았다고, 우리는 신중하게 생각하거나 우리가 불확실하다는 것을 인정할 필요가 없다고 말해준다. 그렇게 명확성을 제공한다.

민주주의는 반대, 불확실성, 복잡성, 실수에 관한 것이다. 당신이 생각하기에 명백하고 완전히 틀린 주장에 귀를 기울여야만 하는 것이다. 당신이 상대방에게 화를 내는 것이고, 상대방이 당신에게 화를 내는 것이다. 무언가가 통과되기 위해서는 당신이 합리적이라 생각하는 것보다 시간이 훨씬 더 오래 걸린다. 당신이 쓸모없다고 생각하는 정책에 반대하는 데도 마찬가지다. 민주주의는 경청하고 타협해야만 하는 것이고, 틀리는 (그리고 틀렸다는 것을 인정하는) 것이다. 세상은 복잡하기 때문에 최선의 행동 방향이 무엇인지 추측하고, 다양한 관점에서 사안을 바라보고, 그 다양한 관점을 가진 사람들이 대화에 참여하게 해야 한다.

민주주의는 어렵고 선동은 쉽다.

선동은 다른 편의 사람들과 함께 숙의하는 것보다 그들 때문에 흥분하는 것이 더 즐거울 때 발생한다. 선동은 스스로에 대해서 좋은 사람이라는 감정을 느끼게 하고 복잡하고 어려운 문제를 간단한 것처럼 보이게 만들어 명확성을 제공하므로 재밌다. 그러니까 선동이 늘 나쁜 것만은 아니다. 당연히 항상 좋기만 한 것도 아니다. 하지만 언제까지나 선동만 하고 있다면 그건 분명히 나쁜 것이다.

감사의 말

이 책에 큰 기여를 한 모든 사람들에게, 특히 몇 년 동안 이 주제에 관해서 나와 논쟁을 벌여 준 가족, 동료, 친구들에게 일일이 감사의 뜻을 표하는 것은 불가능할 것이다. 이 주제에 관한 내 생각들을 다양한 버전으로 출판하고 홍보해 준 학술지들과 학회 기획자들에게 특히 감사의 인사를 전하고 싶다. 계간 레토릭 소사이어티*Rhetoric Society Quarterly* 2009년 봄 호 170-188쪽에는 “‘적에 대한 지원과 위로’로서의 반대: 소박실재론과 내집단 정체성의 수사학적 권력Dissent as ‘Aid and Comfort to the Enemy’: The Rhetorical Power of Naïve Realism and Ingroup Identity” 이, 레토릭 앤 퍼블릭 어페어*Rhetoric and Public Affairs* 2005년호 459-476쪽에는 “민주주의, 데마고그리, 비판적 레토릭Democracy, Demagoguery, and Critical Rhetoric"이 게재되었다. 다양한 대담에서 이 작품에 대한 격려, 비판, 도움이 되는 충고를 아끼지 않았던 관대한 청중들도 있었다. 카네기멜론대학교, 덴버대학교, 일리노이대학교, 샌디에이고주립대학교, 텍사스A&M대학교, 테네시대학교, 미시간주립대학교, 퍼먼대학교는 이 책의 일부를 발표할 수 있도록 나를 초청해 주었다. 국립 커뮤니케이션 협회National Communication Association, 미국 수사학 협회Rhetoric Society of America, 대학 작문 및 커뮤니케이션 학회College Composition and Communication는 토론과 비판의 귀중한 장이 되었다.

인용 및 추천 작품

Allport, Gordon W. *The Nature of Prejudice*. Cambridge: Perseus, 1954.

Fromm, Erich. *Escape from Freedom*, New York:Hearst-Avon, 1941. [에리히 프롬, 김석희 옮김, ≪자유로부터의 도피≫, 휴머니스트, 2020.]

Gellately, Robert. *Backing Hitler: Consent and Coercion in Nazi Germany*. Oxford: Oxford University Press, 2001.

Haidt, Jonathan. *The Righteous Mind: Why Good People Are Divided by Politics and Religion*. New York: Pantheon, 2012. [조너선 하이트, 왕수민 옮김, ≪바른 마음≫, 웅진지식하우스, 2014.]

Kahneman, Daniel. *Thinking, Fast and Slow*. New York: Farrar, Straus and Giroux, 2011. [대니얼 카너먼, 이창신 옮김, ≪생각에 관한 생각≫, 김영사, 2018.]

Kashima, Tetsuden. *Judgement Without Trial: Japanese American Imprisonment During World War II* . Seattle: University of Washington Press, 2003.

Kershaw, Ian. *Hitler, the Germans, and the Final Solution*. New Haven: Yale University Press, 2008.

Lakoff, George. *Moral Politics: How Liberals and Conservatives Think*, 2nd ed. Chicago: University of Chicago Press, 1996. [조지 레이코프, 손대오 옮김, ≪도덕, 정치를 말하다≫, 김영사, 2010.]

Mann, Michael. *The Dark Side of Democracy: Explaining Ethnic Cleansing*. Cambridge: Cambridge University Press, 2005.

Martineau, Harriet. *Society in America*. London: Saunders and Otley, 1837.

Robinson, Greg. *A Tragedy of Democracy: Japanese Confinement in North America*. New York: Columbia University Press, 2009.

__________. *By Order of the President: FDR and the Internment of*

Japanese Americans. Cambridge: Harvard University Press, 2001.

Simms, William Gilmore. *Slavery in America: Being a Brief Review of Miss Martineau on That Subject*. Richmond: T. W. White, 1838.

Stratigakos, Despina. *Hitler at Home*. New Haven: Yale university Press, 2015.

Tetlock, Philip E. and Dan Gardner. *Superforecasting: The Art and Science of Prediction*. New York: Broadway Books, 2016.

Thucydides, trans. Steven Lattimore. *The Peloponnesian War*. Indianapolis: Hackett, 1998. [투키디데스, 천병희 옮김, ≪펠로폰네소스 전쟁사≫, 숲, 2011.]

United States Commission on Wartime Relocation and Internment of Civilians. *Personal Justice Denied: Report of the Commission on Wartime Relocation and Internment of Civilians*. Washington, DC: Civil Liberties Public Education Fund; Seattle: University of Washington Press, 1997.

United States Congress, House, *Select Committee Investigating National Defense Migration*. National Defense Migration Hearings. 77th Cong., 2nd sess. Washington, DC: Government Printing Office, 1942.

Warren, Earl. *The Memoirs of Chief Justice Earl Warren*. Garden City: Doubleday, 1977.

Willner, Ann Ruth. *The Spellbinders: Charismatic Political Leadership*. New Haven and London: Yale University Press, 1984.

후주

1. William Gilmore Simms, *Slavery in America: Being a Brief Review of Miss Martineau on That Subject* (Richmond: T. W. White, 1838), 19.
2. 수사학에서 "쟁점Stasis"은 동의 여부가 달려 있는 안정된 지점을 의미한다. 경첩이 없으면 문이 벽에서 떨어져 나가거나 아예 움직일 수 없게 되는데, 쟁점은 논쟁에서 경첩과 같은 역할을 한다. 만약 당신이 동료에게 그가 고객에게 물건을 집어 던져서 장사가 잘 안 된다고 불평을 하는데 동료가 "그래 근데 넌 강아지를 걷어차는 놈한테 투표했잖아"라고 대답한다면, 그와 당신은 다른 쟁점에 있는 것이다. 당신은 어떤 행동이 장사에 도움이 되는지 안 되는지에 관한 쟁점에 있는데, 동료는 당신이 좋은 인간인지 아닌지에 관한 쟁점에 있다. 많은 (아마도 대부분의) 논리적 오류는 쟁점을 옮김으로써 작동한다.
3. 모든 토론이 이런 자질을 가져야 한다고 주장하려는 것은 아니다. 친구들과 둘러 앉아 이야기하면서 친구들에게 몹시 불공정하게 굴면 카타르시스가 느껴질 수도 있다. 되도록이면 비판이나 반대는 하지 않고 서로 지지해주는 모임을 갖는 것도 때로는 도움이 된다. 그러나 이와 같이 민주적 숙의로 볼 수 없는 경우에만 그렇다. 미식축구과 축구가 서로 다른 규칙으로 운영되듯이, 대화의 종류가 다르면 따라야 하는 규칙도 다른 것이다.
4. 선동의 복잡성을 인정하는 몇 가지 경우가 있다. 만일 중심 주장이 부인할 수 없는 거짓이라고 판명되거나 정책이 명백한 재난이었다면, 선동가는 스스로의 나쁜 결정에 대해서 상황이 좋지 않았다거나 잘 몰랐다거나 복잡했다고 변명할 것이다. 그 당시에 이미 다른 사람들이 상황이 복잡하다고 말했다는 사실을 절대 인정하지 않으며, 공동의 결정을 하기 위해서는 복잡성을 더욱 기꺼이 인정하며 앞으로 나아갈 필요도 절대 느끼지 못한다. 부시 전 대통령의 계획을 확실히 옳은 일이라고 지지하고 모든 질문과 반대를 반역이라고 비난했던 여러 정치인, 전문가, 언론들은 이라크 침공이 좋은 아이디어가 아니었다고 인정해야만 할 때가 되자, 심지어 침공을 지지한다는 영상이나 문서 증거가 뻔히 있는 데도 본인들은 처음부터 쭉 반대해 왔었다고 주장하거나 부시를 비난하거나

지식이 부족했던 것만 인정했다. 그들은 정책을 주창하는 방식을 바꾸거나, "명확히" 우월한 계획이라는 개념 그 자체에 대해 재고하거나, 그들의 의견에 동의하지 않는 사람들에게 반역이라고 큰소리치는 것조차 자제하려고 하지 않았다. 선동가가 복잡성을 인정하는 두 번째 경우는 매우 정교하지만 궁극적으로는 문제의 원인을 단순히 음모라고 주장할 뿐인 음모론을 펼 때다.

5. United States Commission on Wartime Relocation and Internment of Civilians, *Personal Justice Denied: Report of the Commission on Wartime Relocation and Internment of Civilians* (Washington, DC: Civil Liberties Public Education Fund; Seattle: University of Washington Press, 1997), 97.
6. 그의 주장에 따르면 *틀림없이* 더 나쁜 역사를 가지고 있는 다른 두 종교가 기독교와 마찬가지로 인간은 신의 형상으로 만들어졌다는 전제를 공유한다는 사실은 그의 주장을 훨씬 더 혼란스럽게 만든다.
7. Ann Ruth Willner, *The Spellbinders: Charismatic Political Leadership* (New Haven and London: Yale University Press, 1984), 4.
8. 위의 책, 8.
9. Quoted in Despina Stratigakos, *Hitler at Home* (New Haven: Yale University Press, 2015), 140.
10. US Congress, House, *Select Committee Investigating National Defense Migration*, National Defense Migration Hearings. 77th Cong., 2nd sess. (Washington, DC: Government Printing Office, 1942), 11012.
11. 위의 책.
12. 대전제는 따로 언급하지 않았지만 논증에 의해 논리적으로 추정되는 주장을 말한다. 예를 들어 "체스터는 개라서 고양이를 싫어한다"는 말은 논리적으로 모든 개는 고양이를 싫어한다는 주장을 추정한다. 만약, 그리고 실제로 그렇듯이, 모든 개가 고양이를 싫어하지 않는다면 그 대전제에 결함이 있는 것이다.
13. 흥미롭게도 여전히 대규모 감금을 옹호하는 사람들은 일본인 강제수용을 언급할 때와 같은 논리적 실수를 저지른다. 그들은 사보타주가 없었

다는 사실이 감금이 효과적이었다는 것을 보여준다고 주장한다. 수용을 실행한 서부의 어떤 주들보다 일본인 인구가 많았던 하와이에서도 사보타주가 없었고, 하와이에서는 일본인들을 전혀 감금한 적이 없다는 사실을 그들은 무시한다.

14. Earl Warren, *The Memoirs of Chief Justice Earl Warren* (Garden City: Doubleday, 1977), 149.
15. 외부로부터의 전자기장을 극도로 차단한 폐쇄 상자로 내부 간 전자기장 전송이 가능하며 때로는 밖으로 전송할 수도 있다.
16. 히틀러는 1933년 3월 23일 의회 연설에서 새로운 정부에 대한 계획을 발표했는데, 이 계획에는 어떤 집단들을 절멸시키거나 또 다른 전쟁을 일으키는 것에 대한 언급이 전혀 없었다. 사실 폴란드 침공 이전의 모든 연설은 평화를 갈망한다는 내용이었고, 대중 연설에서는 인종적 순수성에 대해 지지자들만 알아들을 수 있는 교묘한 언어를 사용했다.
17. 그러므로 흥정에 의존하는 상황에서는 약간의 선동이 항상 존재한다. 공적 담론이 항상 그리고 오직 협상이기만 하다면, 선동이 만연한 문화가 된다.
18. 동성애혐오 레토릭이 "신은 동성애자를 혐오한다god hates fags"라고 문구와 관련되었을 때, 많은 저항세력들은 "신은 무화과를 혐오한다 god hates figs(마태복음 21장 19절)"거나 "신은 코듀로이을 혐오한다 god hats corduroy(레위기 19장 19절)"라고 쓴 피켓으로 응수했다.
19. 이중 한 명은 당신 자신일 수도 있다. 우리가 선동의 동굴 안에 들어가 있을 때 이러한 논쟁은 매우 어렵다. 특정한 주장을 거듭해서 듣기 때문에 이러한 주장이 정상적이고 합리적인 것처럼 보인다. 우리는 어쩌면 우리가 동의하지 않는 선동만 식별할 수 있는지도 모른다. *우리가* 자신의 주장을 선동에 기초하고 있는지를 확인하는 가장 간단한 방법은 이 전략들을 스스로의 믿음에 적용해 보는 것이다. 예를 들어 같은 주장을 외집단이 했을 때도 같은 반응을 보일 것인가?
20. 권위에 호소하는 것이 태생적으로 잘못된 것은 아니지만 좋은 대화가 되려면 그 권위의 적절성과 전문성이 쟁점이 되어야 한다.